LO QUE NO PASÓ

Anabel Gonzalez

LO QUE NO PASÓ

Cómo curar las heridas que nos dejan
el abandono, la ausencia y las pérdidas

Planeta

Obra editada en colaboración con Editorial Planeta – España

© Anabel Gonzalez, 2025

Diseño de la portada: Planeta Arte & Diseño
Ilustración de la portada: © Sophie Guët
Fotografía de la autora: © Miguel Garrote
Diseño de interior: © Rebeca García
Ilustraciones del interior: © Rebeca García, a partir de Freepik
Iconografía: DAU, Grupo Planeta
Composición: Realización Planeta

© 2025, Editorial Planeta, S.A. – Barcelona, España

Derechos reservados

© 2025, Editorial Planeta Mexicana, S.A. de C.V.
Bajo el sello editorial PLANETA M.R.
Avenida Presidente Masarik núm. 111,
Piso 2, Polanco V Sección, Miguel Hidalgo
C.P. 11560, Ciudad de México
www.planetadelibros.com.mx

Primera edición impresa en España: febrero de 2025
ISBN: 978-84-08-29801-4

Primera edición impresa en México: junio de 2025
ISBN: 978-607-39-2833-5

No se permite la reproducción total o parcial de este libro ni su incorporación
a un sistema informático, ni su transmisión en cualquier forma o por cualquier
medio, sea este electrónico, mecánico, por fotocopia, por grabación u otros
métodos, sin el permiso previo y por escrito de los titulares del *copyright*.

Queda expresamente prohibida la utilización o reproducción de este libro o
de cualquiera de sus partes con el propósito de entrenar o alimentar sistemas
o tecnologías de Inteligencia Artificial (IA).

La infracción de los derechos mencionados puede ser constitutiva de delito contra
la propiedad intelectual (Arts. 229 y siguientes de la Ley Federal del Derecho de
Autor y Arts. 424 y siguientes del Código Penal Federal).

Si necesita fotocopiar o escanear algún fragmento de esta obra diríjase al
CeMPro (Centro Mexicano de Protección y Fomento de los Derechos de Autor,
http://www.cempro.org.mx).

Impreso en los talleres de Corporación en Servicios
Integrales de Asesoría Profesional, S.A. de C.V.,
Calle E # 6, Parque Industrial
Puebla 2000, C.P. 72225, Puebla, Pue.
Impreso y hecho en México / *Printed in Mexico*

ÍNDICE

Introducción. El efecto de lo que no pasó — 7

PARTE 1. UNA PIEZA DEL ROMPECABEZAS

¿Cómo explorar lo que no pasó? — 17
Planetas flotantes — 27
Por el simple hecho de existir — 37
No me abandones — 53
Agujeros negros — 63
El vacío que dejas — 73

PARTE 2. SALIR A LA LUZ DEL DÍA

Salí de donde estaba oscuro — 85
La ruta de salida tras una infancia difícil — 102
Vamos a hacerlo juntos — 107
¿Qué es eso de disfrutar? — 117
En las buenas y en las malas — 127

PARTE 3. DEJAR EL REFUGIO INTERIOR

Que no se perciba mi fragilidad — 143
Niebla y cajones — 150
Salir del refugio — 159
Cosas que nunca te dije — 165
¿Cómo pudiste? — 171

PARTE 4. IMPERFECTOS PERO COMPLETOS

Autonomía y responsabilidad	**181**
Pertenecer	**190**
Maravillosamente imperfectos	**198**
Sin ti no soy nada	**206**
¿Cuándo sabremos que está resuelto?	**212**
Diluir la vergüenza	**214**

PARTE 5. DE PIE ANTE LA VIDA

Vivir nuestra vida en primera persona	**223**
Gratitud	**229**
Esperanza	**232**

Epílogo. *Preparar la tierra, sembrar, cosechar,* **por Sandra Baita** — **235**

Bibliografía — **239**

INTRODUCCIÓN

El efecto de lo que no pasó

Cuando pensamos en lo que nos hizo daño en nuestra vida, se nos hacen más evidentes las traiciones, el daño directo, el impacto de lo que nos sucede. Sin embargo, si lo pensamos bien, las ausencias, las pérdidas, lo que hubiera sido importante que pasara y no pasó, dejan las huellas más duraderas en nuestro interior. Las palabras que no se dijeron, el que no nos vean, el sentir que no importamos, que no existimos para las personas que sí son significativas para nosotros, puede ser más doloroso que un golpe o que un insulto.

Cuando sucede en la infancia de un modo grave, lo llamamos negligencia. Pese a que es la forma más frecuente de maltrato infantil, pasa muchas veces inadvertida en medio de otras formas de abuso. Pero también se produce de modo más cotidiano y normalizado en muchos contextos familiares aparentemente normales. En toda crianza hay carencias. Es más, debe haberlas necesariamente, hasta es bueno que ocurran. Una crianza sana no es una sintonía perfecta entre los cuidadores y el niño que previene y neutraliza todo malestar. Muy al contrario, unos cuidadores suficientemente buenos son aquellos que acompañan y abrazan el malestar del niño cuando aparece, y que lo ayudan a sostener aquellas incertidumbres que implican la autonomía y el asumir las responsabilidades correspondientes a cada etapa. En una buena crianza hay frustración, desacuerdos, dificultades y fallos por parte de unos padres esforzados que hacen lo que pueden con unos hijos que están en un proceso constante de cambio y adaptación a desafíos que no son nada fáciles.

Entonces, ¿cuándo es relevante lo que no pasó? ¿Le damos importancia o se la quitamos? Pues depende en realidad de hasta qué punto nos haya influido. Si tenemos problemas a nivel emocional, en las relaciones, si no terminamos de sentirnos bien, vale la pena explorar por qué. Y una parte de lo que nos explica por qué somos como somos se halla en el principio de nuestra historia, sobre todo en las relaciones con las figuras más significativas de nuestra propia vida. Ahí ocurren cosas maravillosas y otras terribles. Y otras veces, el problema es que no ocurre nada o, al menos, no lo suficiente. El objetivo de este libro es que, en este viaje exploratorio para entender quiénes somos, incluyamos también este último elemento. **Lo que no pasó puede ser la pieza del rompecabezas que nos falta para conocernos realmente a nosotros mismos.**

¿De qué manera influye lo que no pasó (y hubiera sido necesario que pasara) en lo que nos ocurre ahora? Sus efectos son muchas veces silenciosos, latentes, profundos. Es muy posible que estas ausencias nos hayan dejado sin la capacidad de observar lo que nos sucede, sin la curiosidad de entender nuestros abismos, sin la posibilidad de abrirnos a los demás para penetrar en nuestro interior desde la mirada del otro. Por tanto, la primera pregunta es: ¿cómo nos afecta lo que no pasó?

Para responderla, conviene prestar atención a algunas situaciones que podrían estar basadas en huecos, faltas, vacíos y pérdidas:

1. **Estamos desconectados de nuestras emociones.** Puede costarnos percibir que nos sentimos mal y nos enteramos cuando el cuerpo nos grita o la angustia nos desbor-

da, pero la desconexión no nos permite entender por qué nos pasa, qué lo desencadenó y cómo nos afecta. Quizá notamos un malestar que no sabemos nunca si es físico o emocional, con el que nos peleamos, que nos enfada o nos avergüenza. Las emociones pueden acumularse dentro de nosotros hasta desbordarse porque, literalmente, no sabemos qué hacer con ellas. No las ventilamos, no las compartimos, no las cuidamos, así que ellas crecen y crecen y se vuelven cada vez más difíciles o nos inundan por temporadas.

2. **Nos mantenemos siempre a la defensiva.** El mundo nos parece un lugar hostil y percibimos a los demás como potenciales enemigos. No solemos ver rostros amistosos ni invitaciones a acercarnos, y pensamos que «la gente es así» o, al menos, que es así para nosotros por alguna razón que no entendemos.

3. **Tratamos de complacer a todo el mundo.** Las necesidades de los demás están por delante de las propias, es más, las nuestras ni siquiera las percibimos realmente. Para comprender qué necesitamos, es preciso que entendamos qué sentimos. Pero sin conexión emocional, el significado de lo que nos afecta y de lo que nos hace falta queda fuera de nuestra conciencia. Y como no nos sentimos importantes, tratamos de hacernos imprescindibles. Al priorizar lo que los demás necesitan, nos quedamos cada vez más desnutridos; sin embargo, como siempre ha sido así, no notamos el hambre emocional.

4. **No pedimos ayuda y, si nos la dan, no nos dejamos ayudar.** Si nunca hemos recibido cuidado, apoyo o atención, lo lógico es que no contemos con ello en nuestras relaciones. Esto implica no decir si nos sentimos mal, no mostrar tristeza ni gustarnos que nos la noten, aislarnos cuando estamos decaídos o angustiados, no buscar apo-

yo ni de nuestros allegados ni de los profesionales cuando estamos mal. En ocasiones, incluso nos autoabandonamos dejándonos caer, descuidándonos o haciendo cosas que incluso empeoran nuestro estado.

5. **Sentimos una profunda vergüenza que incluso no nos deja pensar.** Cualquier pequeño fallo nos hace sentir que fracasamos, que somos personas inferiores o defectuosas. Nos sentimos mirados así por todo el mundo, y eso nos lleva a ocultarnos de los demás, porque sentimos que, si nos conocieran realmente, se darían cuenta de lo inadecuados que somos. Esta vergüenza influye en nuestro comportamiento, haciendo que lo intentemos todo para que no se active: tratamos de ser perfectos y evitamos esas situaciones para no fallar, para que los demás no perciban nuestros posibles errores o, directamente, para que no nos vean.

6. **Intentamos hacernos invisibles, pasar desapercibidos, no estar en el punto de mira.** Ese es el lugar, curiosamente, en el que hemos estado en las situaciones iniciales, en las que no fuimos vistos, en las que no nos sentimos importantes y especiales para nadie. Nos cuestan las relaciones, nos decimos que estamos mejor solos, mientras que, por dentro, sentimos que no somos queribles, que no valemos la pena.

7. **Nos cuesta tomar decisiones.** Por un lado, puede ocurrirnos por la dificultad para conectar con nuestras necesidades, nuestros deseos y nuestras intuiciones. Sin esto, podemos dar vueltas y vueltas desde lo racional, sin tocar tierra. Por otra parte, decidir significa arriesgarnos a equivocarnos, algo que activa la vergüenza y el miedo. Además, las decisiones implican un cierto conflicto con los demás, ya que toda decisión tiene consecuencias y no todo el mundo va a estar siempre contento con lo que elijamos. Esto puede implicar cierta parálisis ante dilemas mínimos.

8. **Nos ocultamos, nos disfrazamos, mentimos todo el tiempo.** Nos parece estar representando un papel: el que los demás esperan de nosotros, el de lo que debe hacerse, el que se supone que una persona haría en esa situación. Podemos sentirnos disfrazados, como un fraude, sin autenticidad.

9. **Nos sentimos permanentemente insatisfechos.** Buscamos desesperadamente gente que nos dé lo que sentimos que nos falta, pero nunca nos parece suficiente. Pensamos que todo el mundo es egoísta, que nos trata injustamente, y que los verdaderos amigos no existen. Sin embargo, a nuestros amigos les exigimos un nivel de perfección tan alto que nos vamos quedando sin ellos, y con frecuencia nos sentimos rechazados o dejados de lado.

10. **Nos vinculamos a parejas ausentes, que no nos ven, que están focalizadas en sus propias necesidades.** Nuestra vergüenza encaja perfectamente con alguien que nos ve insignificantes o incompetentes. Nuestra sensación de ser invisibles encaja con alguien que nos ignora. Podemos también acoplarnos a una persona que es dominante y nos marca claramente qué debemos hacer, porque eso parece disminuir nuestra inseguridad.

11. **No nos sentimos parte del mundo, no encajamos.** Deambulamos por un mundo que nos resulta ajeno, que no saboreamos. Vamos con los brazos caídos, no sabemos levantarlos para señalar lo que nos interesa, ni para detener lo que nos molesta o pedir ayuda. Si nos tienden una mano, no sabemos agarrarnos a ella. Aunque haga calor, sentimos frío. Aunque estemos acompañados, siempre nos sentimos solos.

Aunque muchos de esos indicadores pueden deberse a historias de ausencia o abandono, tengamos en cuenta que las dificultades en lo emocional y en las relaciones no se rigen por una matemática lineal, sino que tienen múltiples orígenes. Por tanto, **lo realmente importante es entender nuestra historia.** El objetivo no es buscar traumas por todas partes, sino entendernos en el más amplio sentido de la palabra. Sin escarbar, sin torturarnos, pero mirando atrás para comprender el origen de lo que nos ocurre, de lo que somos ahora. A lo largo de este libro, observaremos distintos escenarios que tienen que ver con todo aquello que no pasó, pero que ahora nos afecta.

Les dejo aquí el poema «Los seres carentes», de Cristina Gufé. Me gusta porque describe muy bien sensaciones a las que, con frecuencia, resulta difícil ponerles palabras. Miremos si alguna nos resuena:

En aquel mundo,
los hombres, cuando despertaban,
sentían que les faltaba algo:
eran los seres carentes.
Vagaban solos por entre las ciudades,
a través de tardes y mañanas
plagadas de minutos:
lo podían soportar,
querían amor y estaban solos;
cuando se les acercaba el amor
se volvían más solos;
eran extraños,
era el mundo de los seres extraños.
Inventaron besos para creerse
el fin de la soledad,
pero cuando los besos eran grandes,
les hacían un agujero:
ahí germinaba otro individuo igual,
que vagaría solo, otro hombre,
otro carente, otro aspirante a ser.
Era difícil vivir en aquel mundo;

*estoy mejor en el infierno;
aquí no hay Dios ni amor,
no hay lágrimas,
es todo puro, seco, auténtico.
Aunque lo cambiaría todo por ti,
te daría el infierno
si me llevases
al lado: donde existes tú.*[1]

---

[1] Cristina Gufé, *Límites de realidad (Antología 1982-2016)*, Sial Pigmalión, Madrid, 2017.

Parte 1
UNA PIEZA DEL ROMPECABEZAS

¿Cómo explorar lo que no pasó?

Este libro habla de los espacios vacíos, de dibujar en los huecos, y de ver cómo podemos sembrar en ellos. Y el primer paso para entender su influencia es identificar dónde ha jugado un papel lo que hubiera sido necesario que pasara y no pasó. Además, estos vacíos no son solo situaciones que vivimos, sino que se han filtrado dentro de nosotros y han configurado la forma en que funcionamos. Tienen que ver con elementos que están ausentes en nuestro interior, en nuestra forma de estar en el mundo y de lidiar con lo que nos ocurre internamente. En algunas ocasiones somos nuestro peor enemigo y nos machacamos, pero, en otras, es como si no nos importáramos, como si no apostáramos por nosotros. Cuando ocurre esto, nos autoabandonamos, nos escondemos en un lugar adentro, dejamos de buscar lo que necesitamos y casi nos olvidamos de necesitar. En los momentos duros, nos dejamos caer. Caminamos por el mundo con las manos caídas, sin fuerza, y aunque nos encontremos otras manos tendidas, no vamos hacia ellas. Lo que ocurre fuera y lo que ocurre dentro está enlazado y, a menudo, lo uno es reflejo de lo otro.

Pensé mucho cómo escribir este libro para que su lectura pueda ser reparadora. En mi experiencia con las personas a las que he acompañado, tocar esta área siempre es difícil, ya que las experiencias de abandono y ausencia pueden ser particularmente abrumadoras. En cambio, suele ser menos complicado trabajar en las situaciones de maltrato físico, ya que al menos son algo concreto y definido. Otras experiencias como el abuso emocional o sexual son más confusas y mueven emociones complejas, pero, al preguntarles qué es lo peor de ellas, suelen hacer referencia a los que no los protegieron de ellas, a los que no les creyeron o ni siquiera lo vieron. Esto es peor que el daño, porque sería lo que podría haber ayudado a que las heridas sanaran, y la ausencia de estas respuestas de protección y cuidado deja a la persona desamparada ante un dolor sin nombre, que no puede sentirse, hablarse ni llorarse. Las heridas de abandono en la infancia son como llevar dentro un agujero negro que ocupa el lugar que hubiera debido llenar el amor, y entrar en esa zona puede compararse a ser absorbido por un abismo. Por eso, al comenzar a leer este libro, tenemos que prepararnos, no podemos entrar ahí de cualquier manera.

Un camino hacia la solución

Para que la reflexión sea productiva y nos ayude a avanzar hacia la solución que buscamos, a lo largo de los capítulos de este libro seguiremos este esquema:

Aprenderemos a entrar sin pelear, desde el «esto es lo que hay», para poder ver lo que nunca fue visto. Una vez que entendamos mejor dónde estamos, empezaremos a sembrar. El núcleo de la reparación del abandono es **aprender a mirarnos, a sentirnos, a cuidar de nosotros, a animarnos a avanzar.** En resumen, a hacer que pase por dentro lo que no pasó, y a estar abiertos a esas experiencias y sensaciones cuando estén a nuestro alrededor.

Entrar sin pelear es hacerlo sin darle vueltas improductivas

Vamos a hablar de ausencia, de no reconocimiento, de no presencia, de faltas y carencias, y es importante hacerlo para entender, para encontrar sentido a muchas cosas, para abrazar nuestros vacíos. Es esencial entrar aquí sin torturarnos por no haber tenido todo eso, sin enredarnos en recriminaciones, sin entrar en los bucles de la impotencia y los «debería». En realidad, todo esto son capas que debemos ir apartando para llegar a la parte nuclear, a la más interna e importante.

Por ejemplo, girar en círculos alrededor de «¿por qué me hicieron eso?» o «¿cómo es posible que no se dieran cuenta?», o simplemente sentir estos abismos mientras nos decimos «no puedo soportarlo», solo conseguirá que nuestras sensaciones sean más y más inasumibles. Si lo hacemos así, este libro solo servirá para ahondar en el dolor. Estos vacíos forman parte de quienes somos, de nuestra historia, y han configurado nuestra identidad. Sin embargo, **somos mucho más que esto, somos seres en desarrollo**. Desde esta materia prima podemos evolucionar, aunque, para conseguirlo, tenemos que mirarla tal cual es, aceptarla sin más.

Esto es enormemente difícil, porque quizá llegamos a este momento a base de no mirar y pintar sobre los huecos, de tratar desesperadamente de llenar pozos sin fondo absorbiendo emocionalmente a los demás, o de pelearnos contra una historia que ya está irremediablemente escrita. Así que, si nos vemos recorriendo este libro desde alguna de estas posiciones, recordémonos que solo si miramos de frente nuestras verdades, podremos asentar en firme los cambios que nos interesan.

· · · · ·

En ocasiones peleamos contra nuestras emociones, nuestros recuerdos o lo que nos ocurre, sin darnos cuenta de que lo hacemos. En esos casos, las preguntas que nos planteamos sobre ellos nos parecen abrumadoramente lógicas. Sin embargo, encierran una trampa: son bucles que nos llevan, una y otra vez, al punto de partida. Además, este tipo de preguntas no están motivadas por una curiosidad genuina orientada a entendernos mejor, sino que se basan más en el juicio («¿cómo es posible que...?») que en una mirada comprensiva. En ocasiones, son como las hélices de un helicóptero con el que sobrevolamos otras emociones más profundas y dolorosas en las que intentamos, de modo más o menos consciente, no aterrizar. Por tanto, planteemos otro tipo de interrogantes, como «¿nos lleva a algún sitio esta pregunta?» o «¿qué tipo de respuesta nos dejaría satisfechos?». Quizá la solución sea decirnos «¿para qué darle vueltas a algo que ya no puede modificarse?». Observemos los bucles y bajémonos de ese helicóptero. De ese modo, abriremos paso a nuevas preguntas que pueden llevarnos a respuestas útiles.

· · · · ·

Aprender a ver: ayudarnos a percibir dónde hubo experiencias nutritivas

Probablemente lo que nos faltó estuvo presente en algún otro lugar, quizá en muy pequeñas dosis, tan pequeñas que nos pasaron desapercibidas. Quizá sí que hubo alguien que nos viera, pero esas miradas nuevas se perdieron en nuestro vacío. Al venir de otras personas, que no eran aquellos que necesitábamos que nos hicieran sentir importantes y especiales, es como si esas miradas no nos sirvieran o nos hicieran sentir incluso peor. Quizá, de tanto clavar los ojos en el suelo, no las percibimos. Puede que sí hubiera afecto hacia nosotros en aquellos a los que nunca les dimos la oportunidad de querernos. O, cuando sí nos reconocieron, nos apoyaron o nos valoraron, en lugar de notar las sensaciones positivas que hubieran podido hacer crecer algo cálido en nuestro interior, únicamente sentimos el dolor de decirnos «¿por qué mis padres no son así?», «¿por qué no puede hacer esto la persona que yo quiero que lo haga?».

Tal vez, al no ser vistos, nuestros ojos tampoco saben mirar, no han aprendido a pararse a observar. Nos quedará, en este caso, un largo y paciente camino para ayudarnos a ver lo que sí hay, un camino que requerirá aprender a manejar una poderosa herramienta que todos tenemos: **nuestra atención**.

Al no detectar esas miradas y oportunidades de reconocimiento, nos cerramos y, de muy diversos modos, no dejamos entrar lo que necesitamos:

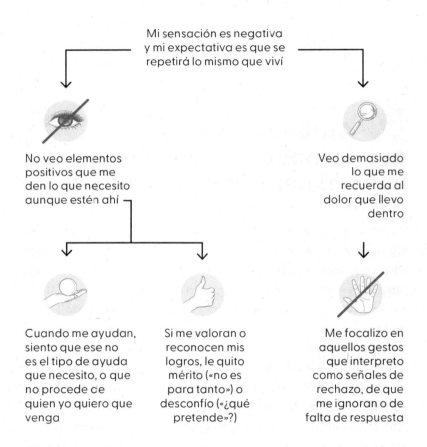

Si funcionamos así, el rechazo nos resonará muchísimo, ya sea pequeño o grande. Estaremos ciegos a la ayuda que nos ofrecen, o la descartaremos porque no es precisamente tal y como la esperamos. Tampoco dejaremos entrar el reconocimiento y lo convertiremos en otra cosa, pues le restaremos importancia o lo consideraremos malintencionado o manipulador. Con esta actitud, comparable a una lupa de aumento que amplía lo que duele, cerramos la puerta a lo que necesitamos y las sensaciones negativas crecen y crecen sin otras que las puedan compensar y diluir. Tenemos, por tanto, que rediseñar nuestros filtros, y esto no sucede necesariamente de forma natural. Cuando actuamos según el esquema anterior, nuestras predicciones, los mapas con los que nos orientamos en el mundo, quedan desactualizados, y esas creencias sobre las personas y las relaciones impiden que penetre nueva información. Nuestro cerebro se focaliza en sobrevivir y en que no se repita el daño, pero debemos reprogramarlo para que nos encamine hacia la seguridad y nos lleve, de nuevo, a vivir plenamente.

Ayudar a crecer: cómo hacer que pase lo que no pasó

Nuestra historia no es nuestro destino, pero configura en nosotros automatismos que pueden no desmontarse por sí solos. Uno de ellos, muy frecuente, es el bucle abandono-autoabandono. Las experiencias en las que nos sentimos solos, desprotegidos, no vistos, se distinguen precisamente porque no había nadie que nos diera un modelo de presencia, acompañamiento o cuidado. Cuando sentimos una emoción, el modo en que quienes nos ayudan a crecer nos acompañan con ella se convierte en un modelo que nuestra mente acaba reproduciendo. Si alguien abraza nuestra tristeza, aprenderemos a cuidarnos cuando estamos tristes. Si nuestra tristeza no es vista, probablemente aprenderemos a no verla ni atenderla. Cuando sintamos soledad y abandono, lo importante no es solo esta sensación, sino la tendencia asociada a no hacer nada con ella, a dejarnos ir, a dejarnos caer.

Este autoabandono ahonda y alarga el efecto de las experiencias de abandono y ausencia, así como de los sentimientos que se derivan de ellas. La buena noticia es que, modificando lo que hacemos con lo que sentimos, tenemos una posibilidad de cambiar la historia. Podemos interrumpir ese bucle y cambiar los patrones. Hacerlo requiere un paciente trabajo de autoconocimiento y de ayudarnos a **movernos hacia lo que necesitamos**. Si insistimos y sabemos aprovechar este recurso para ayudarnos, tenemos ya un ingrediente fundamental con el que conseguir cambios productivos.

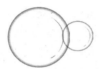

La Libreta de Recursos Nutritivos

Avancemos aquí una pequeña reflexión. ¿Por cuáles personas o seres vivos que hemos conocido en nuestra vida sentimos más agradecimiento? ¿Qué momentos, pequeños o grandes, valoramos y atesoramos más? Si pensar en nuestra historia nos trae malos recuerdos, quizá estos buenos momentos no nos vengan fácilmente a la memoria, pero no desistamos.

En caso de que esto nos resulte difícil, imaginemos que estamos en el mar y la arena revuelta no nos deja ver el fondo. Dejemos que esta se asiente, tengamos paciencia, detengámonos un rato, si nos cuesta, y luego volvamos a explorar en nuestra memoria. No busquemos experiencias extraordinarias, llevemos nuestra atención a las pequeñas cosas.

Busquemos una libreta especialmente escogida para apuntar lo que se nos ocurra, no lo hagamos en papeles sueltos. Pongámosle un título, «Libreta de Recursos Nutritivos», y llevémosla con nosotros a todas partes. Si viene algún «pero», apartémoslo. Tomemos la libreta y aumentemos esta lista cada vez que nos vengan experiencias y personas nutritivas a la cabeza.

Mientras avanzamos en la lectura de este libro, escribamos en nuestra Libreta de Recursos Nutritivos todo lo que se nos ocurra sobre las cosas que agradecemos, las personas que nos aportan, los momentos que nos generan buenas sensaciones, los cambios que vamos consiguiendo, los puntos en los que logramos entender algo que no entendíamos, las cosas que empezamos a mirar de otro modo. Quizá al principio aparezcan frases como «¿para qué?», «no me aporta nada», «en realidad todo esto no es cierto»... Estas frases son como susurros del vacío, es normal que se activen, pero ¿qué podemos perder? Ya veremos al final del libro qué nos aportan. ¡Importante! No anotemos frases como «sí, pero...», «¿cómo es posible que...?», «debería...» o «no puedo...». Estas cosas flotan muchas veces en nuestra cabeza, así que dejémoslas ahí y aprendamos a fijarnos en otras. Como me decía mi buena amiga Sandra Baita, psicóloga, terapeuta y autora del epílogo de este libro, la Libreta de Recursos Nutritivos es una especie de «recetario»: hasta que sepamos cómo cocinar el pastel de memoria, nos sirve de apoyo para elaborar la receta y, al ayudarnos a hacer que el proceso sea más visual, concreto y externo, nos permite fijar la atención y la memoria en esos puntos. Así, por el momento, estos recursos nutritivos son los ingredientes a los que, poco a poco, añadiremos trucos para combinarlos y sacarles el mejor partido.

· · · · ·

Donde habita el vacío

La soledad del invisible es más profunda que la de cualquier ser humano.

H. G. WELLS,
El hombre invisible

Ya sabemos cómo prepararnos para ese viaje, veamos ahora qué países debemos recorrer, en qué escenarios el vacío y la ausencia son ingredientes principales, qué nos dice esto sobre nosotros mismos, y cómo sembrar en esos espacios. Si necesitamos cargarnos de energía para el camino, retomemos nuestra **Libreta de Recursos Nutritivos**. Leámosla pausadamente, dedicando un largo minuto a cada línea escrita, y a notar las sensaciones que nos conectan con ellas. Si aparecen sensaciones negativas, entendámonos, pero centrémonos en las nutritivas; así las estaremos regando. Si encontramos «sí, pero...» o similares, apartémoslos; estaremos limpiando el terreno. Tomémonos tiempo para esto, el viaje es largo, no debe hacerse a toda prisa. Paremos todas las veces que haga falta, repasemos nuestros nutrientes. Nuestra libreta puede ser una buena compañera de viaje.

Planetas flotantes

Tengo un planeta. En él vive la familia que hubiera querido tener, los amigos que siempre están ahí y nunca te fallan, el amor de mi vida que me está esperando para darme todo lo que me faltó, los hijos que llegarán adonde yo no pude. [...] En ese lugar me refugio cuando la vida es demasiado fría o asfixiante y la realidad se vuelve inhabitable. [...] Sin mi planeta, no tengo nada.

Cuando el universo que nos rodea o lo que no pasa nos impide disfrutar de nuestras vidas, creamos planetas en los que dibujamos lo que nos hace felices o en los que nos refugiamos, pensando que eso nos alejará de los huecos y ausencias. Sin embargo, es importante **trabajar para sembrar en esos espacios y que en ellos crezca lo que verdaderamente necesitamos**.

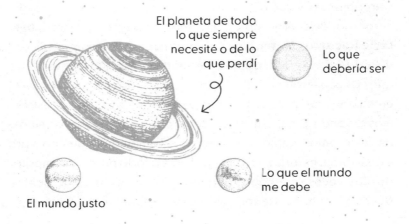

Cuando no se puede tocar el suelo, porque conectar con el dolor y el vértigo que lleva consigo es demasiado difícil, la poderosa imaginación del niño construye mundos mágicos en los que refugiarse. Cuando crecemos en el vacío, la mente infantil genera dentro de él y a través de su fantasía lo que necesita, pero no es más que un espejismo que acaba pareciendo preferible a la realidad. Una persona me contaba, tras meses de terapia, una versión de su historia familiar muy diferente de la que me había dado inicialmente:

> ¿Sabes qué pasa? Yo me inventé una madre, porque las cosas que hacía mi verdadera madre me daba vergüenza contarlas en el colegio. Así que empecé a hablarle a todos de una madre que era la que yo querría tener, una madre cariñosa, que siempre se preocupaba por mí. Con el tiempo, dejé de ver a la de verdad, a la de carne y hueso, y cuando pensaba en ella, únicamente veía a mi madre inventada. Quería pensar que la otra no existía, así que en mi mente dejó de existir.

Sin embargo, este refugio no funciona para generar las sensaciones que faltaron. En realidad, se trata de una fantasía desconectada del lugar donde están las necesidades, porque es en ese lugar donde está el dolor. Aquello de lo que nos desconectamos no puede evolucionar, y por ello se queda en nuestro interior para siempre. Los mundos imaginarios tampoco evolucionan ni nos dejan desarrollarnos.

Otra persona me explicaba así cómo era su planeta:

Yo tengo tres cajones. Uno es el cajón de la mierda, ese que no quiero abrir. El otro tiene lo que necesito para trabajar, para hacer las cosas, para salir delante. El tercero es mi mundo inventado. No es un mundo extraordinario, es un sitio donde tengo una vida normal, una pareja con la que discuto a veces, unos niños que no siempre me hacen caso, un trabajo normalito. Pero ahí, en ese tercer cajón, esas cosas se resuelven y no sufro con ellas. Soy como la protagonista de una película.

El mundo que describe esta mujer es un espacio sin dolor, sin dificultades irresolubles, sin impotencia y sin desamparo. Sin embargo, aunque aportó una solución temporal cuando no había otra, este mundo no ha resuelto sus problemas, sino que ahora forma parte de ellos, porque la hace vivir en un «como si» tras una máscara sonriente. **Un cambio en profundidad significa poner en orden todos los cajones, y ordenar de nuevo nuestra mente.** Como veremos más adelante, **todo cambio pasa por la conexión.**

Como lugares de desconexión que son, estos planetas se convierten en refugios poderosos pero frágiles. Al imaginar una madre cariñosa, distinta a la que tiene, el niño intuye lo que le falta, pero, si se llegara a parar mucho ahí, acabaría conectando con el dolor de no tenerla. **La imaginación construye un decorado que no tiene trasfondo.** En ocasiones, incluso esas imágenes ideales acaban generando preguntas como «¿por qué en mi casa esto no puede ser verdad?» o «¿qué hice para que no me traten así?». Unas preguntas que se transforman en una tortura constante, ante la que imaginar otra realidad ni siquiera sirve como refugio temporal.

Otras veces, el problema surge cuando no queda otra que bajar al mundo real, que nunca es tan brillante ni perfecto y siempre pierde en las comparaciones. Así, esos lugares genuinos de los que podríamos absorber alguna sensación nutritiva quedan fuera de nuestro alcance, porque los descartamos por su imperfección o su insignificancia. La fantasía del planeta también puede quebrarse cuando alguna experiencia intensamente negativa la sacude y desmonta el castillo de naipes. Cuando ocurre, vivimos en una montaña rusa de ilusión y decepción, nos instalamos en la insatisfacción permanente, o nos aislamos por completo de una realidad que pueda amenazar nuestro espejismo. Este planeta imaginario se convierte, por tanto, en un importante obstáculo para un cambio real.

 Entrar sin pelear

El primer paso para evolucionar es siempre **entender dónde estamos.** En este caso, implica mirar nuestro planeta de los deseos como la otra cara de la moneda de lo que nos faltó. Lo que tanto ansiamos, ¿dónde estuvo ausente? De haberlo tenido, ¿cuándo lo perdimos? Aunque dé un poco de vértigo, aunque amenace con doler, es importante observar nuestros recuerdos, pues no hacerlo es parte del problema. Al no mirarlos, se rodean de capas de miedo que cada vez hacen más inasumibles las sensaciones que contienen. Por el contrario, aunque al principio sea intenso, nuestro miedo se empequeñecerá cuanto más lo miremos. A menudo, conviene que alguien nos ayude a distinguir las sombras de los peligros reales, el pasado y el presente, los que fuimos entonces y los que somos ahora.

· · · · ·

¿Hay alguien con quien hayamos compartido alguno de estos recuerdos? ¿Nos ayudó comentarlo con esta persona, al menos en parte? Si es así, apuntemos ese momento y lo que nos aportó en nuestra Libreta de Recursos Nutritivos. Detengámonos un instante a recordarlos. Si aún no lo hemos compartido con nadie, imaginémonos poder hacerlo con alguien que nos escuche y nos entienda. Permitámonos pensar en ello y notar lo que tendría de bueno. Para tenerlo siempre presente, apuntémoslo en nuestra **Libreta de Recursos Nutritivos**.

· · · · ·

Mirar duele, pero escapar solo aplaza el dolor. El dolor, para curarse, necesita ser abrazado. Sí, es muy difícil cuando sentimos que abrazamos espinas, cuando parece que el dolor va a desintegrarnos, pero ese es el momento clave. Si mantenemos el abrazo un cierto tiempo, aunque nos parezca eterno, ese dolor puede empezar a ablandarse, a deshacerse, a soltarse. Si nos es posible, todavía puede ser más potente permitirnos sentir cómo lo abrazan también aquellos que pueden entendernos. Y señalo «si nos es posible» porque, si venimos de la nada, permitir que alguien nos vea *de verdad* —sobre todo nuestro lado más vulnerable— y dejarnos cuidar, puede resultar abrumador. **Podemos aprender a mostrarnos y a dejarnos abrazar**, como todo lo que se practica, pero tendremos que empezar con dosis

bajas hasta recorrer el largo y paciente camino hacia lo que necesitamos.

· · · · ·

- Si mientras leemos este libro conectamos con recuerdos dolorosos, pero que nos resultan manejables, practiquemos quedarnos en ellos un minuto. Ni más, ni menos. Pongamos un cronómetro, y mantengámonos sesenta segundos en contacto con las emociones del recuerdo. Al escuchar el sonido que marca el final del minuto, levantémonos, movámonos y llevemos nuestra atención a lo que nos rodea, y recordémonos que es una memoria antigua, que no estamos en ese momento.

- Si esto nos cuesta, empecemos recordando esa experiencia como si la viéramos desde las butacas de atrás en un cine. O como una foto antigua y descolorida. Distanciémonos un poco, sin desconectarnos del todo. Dejemos que nos emocione, pero sin formar parte de ella.

- O imaginemos que vamos de viaje en un tren hacia nuestros recuerdos, un viaje rápido, de ida y vuelta, viendo pasar las imágenes por la ventanilla, observando cómo llegan y cómo se van quedando atrás.

- Cuando llevamos toda la vida tratando de no recordar lo que duele, nos cuesta alcanzar esta visión a media distancia, pero puede aprenderse y practicarse. No nos desanimemos si nos cuesta, y volvamos a intentarlo otro día. Ahora, si este párrafo nos generó emociones difíciles, tomemos aire profundamente y soltémoslo despacio tratando de vaciar completamente nuestros pulmones. Al soltar el aire, dejemos que se suelte también la sensación. Podemos practicar este tipo de respiración, contando tres para tomar aire y seis para soltar, como un modo de ayudar a regular nuestras emociones.

• • • • •

Aprender a ver

Lo que habita nuestro planeta refleja lo que necesitamos, por lo que no sirve dinamitarlo sin más. Necesitamos que lo que contiene pueda encarnarse, bajar a ras de suelo y caminar por la superficie. Para lograrlo, debemos tratar de identificarlo en el mundo real, aunque no tenga nunca la dimensión y el colorido de nuestra imaginación. Recordemos que **el afecto está en las personas que nos aprecian**, aunque no sea el amor incondicional de los padres o de la pareja que soñamos. Para poder ver ese afecto, debemos bajar los escudos de desconfianza y eliminar los «sí, pero...» que alimentan nuestra insatisfacción permanente. **Es importante que pongamos la lupa en aquellos momentos en los que alguien sí nos apoya, nos reconoce algún valor, nos escucha o nos entiende**. Las personas de carne y hueso no están siempre ahí, porque también tienen sus problemas, sus límites y sus imperfecciones. Si cuando no están al cien por ciento no lo tomamos como una prueba de que la gente no es fiable o no responde, podremos aprovechar ese cinco por ciento que tienen para ofrecernos. Y muchos cincos por ciento pueden darnos lo que necesitamos, con creces.

¿Qué necesitamos?

Para aprender a percibir lo que necesitamos, pensar en lo que soñamos y fantaseamos puede darnos pistas: cuando imaginamos algo, ¿qué es exactamente? Escojamos el deseo que consideremos más recurrente. Luego, debajo, anotemos a las personas que nos aportaron, aunque fuera una sola vez y en un grado muy bajo, algo que nos ayudó a satisfacer esa necesidad.

- Ser cuidados, abrazados, apoyados, sostenidos.

- Recibir aprobación, que se nos transmita que estamos bien como somos.

- Que se confíe en nuestra capacidad para funcionar, para hacer, para resolver.

- Sentirnos seguros y protegidos.

- Sabernos parte de algo, sentir que pertenecemos a un grupo o a un lugar.

Con cada uno de estos momentos, recordemos cómo fue. Parémonos un minuto a notar la sensación del cuerpo que acompaña a esas experiencias. Es fácil que nos vengan sensaciones mezcladas, pero dirijamos nuestra atención a las positivas, a la parte nutritiva de todas esas sensaciones. No importa que sea tenue, casi imperceptible. Escribamos cómo es. Dejemos los «peros» y el malestar para otro momento, nos ocuparemos de ellos más tarde.

· · · · ·

Ayudar a crecer

Para que todo esto pueda nutrirnos internamente, necesitamos sentirlo, paladearlo, respirarlo hacia dentro, notar cómo nos resuena en el cuerpo. Como veíamos antes, al principio habremos de dirigir nuestra atención hacia lo poco que podamos notar de esas sensaciones positivas, porque, al **enfocar nuestra atención** en ellas, se amplificarán y nos resultará más fácil sentirlas. Lógicamente, nos costará hacerlo cuando las sensaciones agradables coexistan con otras dolorosas, que suelen arrastrarnos con facilidad, y nuestros pensamientos, en lugar de ayudarnos, interfieran. Pero, con dedicación y paciencia, cada vez nos será más fácil conectar.

La importancia de los pequeños momentos

Por ejemplo, si una profesora se dio cuenta de que teníamos problemas, aunque no nos hubiéramos atrevido a contárselos, sentir que alguien pudo vernos sería uno de esos pequeños momentos agradables. Muy probablemente vendrán también recuerdos de aquellos problemas, con sus sensaciones perturbadoras, pero en un rinconcito del pecho podremos percibir, si nos paramos a observarlo, un calorcito tenue al pensar en la mirada de esa profesora.

Nos arrastrarán las sensaciones negativas, pero volveremos al calorcito. Nos surgirá vergüenza de ser vistos, pero volveremos al calorcito. Nos costará notarlo, pero seguiremos observando sin forzarlo. Veremos cómo nuestra mente nos aparta de esa sensación positiva, pero le enseñaremos a absorberla. Cada vez que lo hacemos, nuestro cerebro aprende. Tengámosle paciencia.

Ahora recojamos todos esos pequeños momentos que hemos encontrado con las sensaciones que notamos o intuimos en ellas y apuntémoslos en nuestra **Libreta de Recursos Nutritivos**.

· · · · ·

Permitirnos sentir las sensaciones que genera el planeta no es negativo, incluso puede llegar a ayudarnos, ya que nos permitirá saber qué se siente al ser abrazados por esa madre imaginaria cuando estamos tristes, o apoyados y defendidos por nuestros amigos a toda prueba, o qué nos aporta cuidar a nuestros hijos soñados como hubiéramos necesitado ser cuidados. Para conseguirlo, es importante que nos pongamos en situación y nos permitamos **imaginar cómo sería vivir esas sensaciones verdaderamente.** Dejarlas llegar adentro nos puede ayudar a reconocerlas, siempre que las entendamos como una referencia para detectar las pequeñas dosis que encontraremos en la realidad. Tomar en la mano una pieza de oro, ver su color y su brillo, su textura, nos ayudará a identificar las pepitas en medio de las piedras del fondo del río. Somos buscadores de oro, pero es importante no dejarnos deslumbrar con la leyenda de El Dorado. Con el tiempo, aspiraremos a ser niños que pueden coleccionar tesoros con todo tipo de piedras brillantes y coloridas. Los niños saben bien que las piedras son más importantes que el oro. Las cosas inmensas, completas, perfectas, no estarán en nuestro horizonte.

Por el simple hecho de existir

Si nadie te ve, ¿de verdad existes?

PATRICK NESS,
Un monstruo viene a verme

En 1975 el psicólogo estadounidense Edward Tronick y su equipo desarrollaron el experimento *Still Face* («cara inexpresiva»). En él se mostraba la reacción de un bebé cuando, de repente, su madre eliminaba toda expresión emocional de su cara. No se mostraba enfadada ni triste, simplemente no mostraba nada. El niño se quedaba sorprendido al principio; luego, lloraba intentando captar la atención de su madre; a continuación, se desesperaba... y, finalmente, se rendía. Todo esto ocurría en poquísimo tiempo.

Un niño se reconoce en el espejo que le devuelven los que lo rodean. Por lo general, los adultos amplifican las expresiones del niño, repiten sus intentos de palabras convirtiéndolas en palabras completas, con mucho énfasis y gestos marcados. De ese modo, **a través de los demás, el niño aprende a percibirse.**

En contraste, la falta de respuesta emocional supone una carencia que puede influir negativamente en su desarrollo.

Puede ocurrir con cuidadores que están físicamente presentes, pero ausentes a nivel emocional. Y esto no tiene que ver solo con el desinterés. Algunos padres pueden estar deprimidos en los primeros años de vida del niño, absortos en su propio dolor debido a traumas o pérdidas, agotados por enfermedades crónicas o sumergidos en problemas graves. En ocasiones, algunos cuidadores están muy desconectados emocionalmente, se sienten incómodos en el terreno de los sentimientos, y las necesidades naturales del niño los sobrepasan. Son muchos los motivos por los que los niños pueden crecer sin la nutrición emocional de las miradas y la atención de sus padres y familiares.

El niño frente al espejo

A través de la mirada de los padres se establece un cauce por el que el niño puede mirarse por dentro. Sin esa mirada interna, el niño crecerá ciego a las emociones. Todos conocemos las historias de niños criados por animales o aislados del contacto humano, que, aparte de sufrir muchos problemas, carecían de lenguaje. Aunque algunos de ellos llegaron a desarrollar esta capacidad, les requirió muchísimo más tiempo del que un niño necesita para empezar a hablar cuando esta se estimula en la edad adecuada.

Del mismo modo, podemos crecer sin un lenguaje emocional. Hay personas que carecen de la capacidad de pensar en términos emocionales, un fenómeno psicológico que se denomina **alexitimia.** Los psiquiatras estadounidenses J. C. Nemiah y P. E. Sifneos acuñaron este término en 1973 para describir cómo, para los alexitímicos, las emociones no se simbolizan ni se traducen a palabras. De hecho, a nivel mental, tampoco manejan conceptos emocionales e incluso tienen dificultades para fantasear e imaginar. Aunque puede deberse a determinados estilos de funcionamiento que se engloban en lo que hoy se denomina neurodivergencia (por ejemplo, los trastornos del espectro autista), que son más innatos, también se puede presentar por cuestiones relacionadas con el aprendizaje emocional. Por ejemplo, la crianza típica en la que «los hombres no lloran» puede relacionarse con que se hayan encontrado mayores niveles de alexitimia entre la población masculina. La alexitimia no es algo raro, pues se estima que afecta a una de cada diez personas.

¿Pertenecemos al grupo de personas con alexitimia? Para averiguarlo, comprobemos con cuántas de estas afirmaciones estamos de acuerdo:

- No sé muy bien qué me pasa por dentro.
- En ocasiones no sé distinguir si mi malestar es emocional o físico.

- Me resulta difícil encontrar las palabras para expresar mis sentimientos.

- Tengo sensaciones físicas que no entiendo y que los médicos no saben explicar.

- No suelo profundizar mucho en los problemas y en lo que significan para mí.

- Noto que estoy mal, pero no sé distinguir si siento tristeza, miedo o enfado.

- Prefiero dejar que las cosas pasen solas, sin preguntarme por qué suceden así.

- Siento incomodidad con la gente o con las conversaciones muy emocionales.

- Me resulta difícil saber cómo me siento en las relaciones y también hablar de ello.

- Me cuesta expresar mis sentimientos más íntimos incluso a mis mejores amigos.

- Los demás me dicen que exprese más mis sentimientos.

- Cuando noto enfado o cansancio, no sé bien por qué me siento así.

- Con los demás, prefiero hablar de actividades antes que de sentimientos.

- Prefiero ver películas simples y entretenidas que otras que me llevan a buscar significados profundos.

• • • • •

Aunque nos reconozcamos en muchas de estas frases, el hecho de que estemos leyendo este libro hace que probablemente no seamos una versión extrema de este problema. Las personas muy alexitímicas no suelen tener demasiado interés por los temas emocionales, y si se dan cuenta de ello, es porque los demás les piden que expresen más sus sentimientos. En una de las investigaciones en las que trabajé, se evaluaba este factor, y frecuentemente veíamos que las personas con los niveles de alexitimia más graves no se identificaban como tales, les parecía que entendían y expresaban bien sus emociones. Para darse cuenta de sus carencias emocionales, habrían necesitado precisamente unas capacidades de reflexión sobre su mente de las que carecían.

Algunas personas con alexitimia están básicamente confundidas con sus emociones y sus sensaciones corporales, no saben decir qué ocurre en su interior. Se sienten incómodas en el terreno emocional, prefieren hablar de sus actividades más que de cómo se sienten, y las películas con personajes complejos o tramas psicológicas enrevesadas les aburren. Reflexionar les resulta agotador, así que se rigen por lo que se supone que hay que hacer. Pueden estar enfadadas, llorar de desesperación o notar que algo no funciona, pero no saben decir qué emociones hay debajo y las atribuyen muchas veces a problemas físicos. Reflexionar sobre las emociones y ventilarlas, hablando de ellas con los demás, ayuda a regularlas. Sin embargo, las personas alexitímicas no saben hacerlo y esto las lleva a acumular «residuos tóxicos emocionales» que, a menudo, alimentan somatizaciones y problemas psicosomáticos. Muy probablemente, acudan a distintos médicos buscando un diagnóstico que no sabrán darles, pero se resistirán a buscar ayuda psicológica.

Algunas de estas personas sí perciben sus sentimientos, aunque sea de un modo difuso. Saben que están mal, pero les resulta difícil definir si están tristes, asustados o enfadados y les cuesta aún más expresarlo. Al no comunicarse de este modo, no desarrollan un vocabulario emocional elaborado. Podría decirse que se quedan para siempre en el «nivel preescolar de las emociones». Incluso con sus amigos más íntimos las conversaciones difícilmente se centrarán en experiencias internas, no se abrirán ni se sentirán cómodas cuando los otros lo hagan, sobre todo cuando la conversación se vuelva más profunda o toque temas dolorosos. Todo ello hace que entender cómo se sienten los demás y qué los motiva les resulte muy difícil, y esto los deja sin claves para entender el complejo mundo de las relaciones.

Como veíamos, una persona alexitímica puede llorar o enfadarse, pero no sabe explicar ni explicarse qué significan esos sentimientos, con qué tienen que ver y, menos aún, cómo solucionarlos. Algunas se notan aceleradas, se embarcan en incesantes actividades o notan una angustia o un malestar indefinidos. Pueden estar ansiosas o deprimidas, y además llevarán fatal estar así, así que se dirán que no tienen por qué sentir eso o se preguntarán una y otra vez cuál es el motivo, pero lo harán más desde la desesperación que desde la curiosidad por entender. De esta manera, el malestar suele alargarse y puede hacerse permanente. Si estas personas deciden pedir ayuda a los profesionales, llegan a nuestras consultas solicitando algo imposible: que les «quitemos» ese malestar sin profundizar en su origen y en lo que lo mantiene. En tales casos, la única opción que les podemos ofrecer es una medicación que atenúe su sufrimiento, aunque seguramente no será suficiente para contrarrestar su situación. Si piden cita para psicoterapia, pondrán por delante que «no creen en esas cosas»; y ante cualquier propuesta, antes de intentarlo mínimamente, responderán que nada funciona con ellos. La psicoterapia de estos problemas está plagada de paradojas.

Sin conectar y sin conectarnos, sin referencias sobre el significado de lo que nos ocurre, difícilmente conseguiremos disfrutar de la vida. Como mucho, siguiendo las reglas que se dicten en nuestro entorno social, podremos sentir cierta sensación de control, pero esta no es más que un sucedáneo barato de la seguridad (abordé el tema de los miedos y la principal clave para deshacerlos, la seguridad, en mi libro *¿Por dónde se sale?*). Este placebo nos aportará cierta calma cuando las cosas estén controladas, pero difícilmente nos llevará a experimentar verdadera satisfacción. Además, nos deja expuestos a un riesgo mayor: cuando las cosas escapen de nuestro control, nos quedaremos desarmados.

La importancia del apego

Uno de los factores ambientales que se ha relacionado con la alexitimia es la **negligencia**, la ausencia emocional de los cuidadores en la infancia. Puede deberse a que los adultos descuidan al niño, a que están muy enfermos o a que deben trabajar para sobrevivir y están demasiado sobrecargados para poder atender las necesidades infantiles. Unas veces, los padres están ahí, pero se hallan demasiado absortos en sí mismos y en sus cosas, de modo que no hay disponibilidad emocional hacia el niño. Otras, ellos mismos son alexitímicos y no pueden enseñar un idioma que desconocen. La alexitimia tiene, por tanto, un componente aprendido en las relaciones que nos acompañan mientras crecemos, y estas se reflejarán también en las interacciones adultas. Frecuentemente, si tenemos este patrón, nos costará conectar a un nivel profundo, aunque puede que establezcamos relaciones de larga duración. Sin embargo, estas relaciones estarán basadas en lo convencional y emocionalmente quizá nos describan como fríos, distantes o poco comunicativos. Como nos costará comunicar y entender lo emocional, es muy posible que las personas que se relacionen con nosotros no se sientan escuchadas o entendidas.

Desde otro punto de vista, las historias de ausencia emocional o rechazo en la infancia pueden contribuir al desarrollo de un **apego distanciante**. El apego es el instinto de supervivencia que mantiene a los niños unidos a su cuidador principal. Como el cerebro está en desarrollo hasta después de los veinte años, el tipo de relación que se establece entre el adulto y el niño irá configurando el sistema nervioso de este último, tanto en sus capacidades de mirar hacia su interior como de conectar con el mundo emocional de los demás. Así, **aprendemos el lenguaje que nos enseñan**, el que las personas junto a las que crecemos conocen y nos pueden transmitir. Cuando este lenguaje es pobre, se tiende a desconectar de lo emocional, tanto propio como ajeno. Por este motivo, las personas con apego distanciante no registran los detalles de lo que van experimentando, como si se movieran siempre a unos milímetros de la superficie del agua y, en cuanto el pie se mojara un poco, lo apartaran rápida y automáticamente.

Aunque fueron desarrollados desde campos de la psicología diferentes, los conceptos de alexitimia y apego distanciante tienen muchos puntos de confluencia. Veamos ahora, si nos reconocemos en algún aspecto de este capítulo, cómo podemos evolucionar hacia lo que necesitamos.

 Entrar sin pelear

Entrar sin pelear en lo que nos ocurre es fundamental, pero, si funcionamos desde la alexitimia o el apego distanciante, es muy probable que no tengamos conciencia alguna de estar luchando. Nuestra tendencia a levantar el pie del agua casi antes de que amenace con mojarse es tan automática que darnos cuenta de que actuamos así lleva tiempo.

· · · · ·

Fijémonos en cómo actuamos cuando alguien nos cuenta alguna situación dolorosa, triste o angustiosa. ¿Tendemos a cambiar de tema?, ¿le damos enseguida una solución?, ¿intentamos quitarle importancia al problema? Quizá desde nuestro punto de vista lo hacemos para ayudar a la otra persona, pero tratemos de verlo con perspectiva: ¿nos sentimos cómodos hablando de emociones?, ¿podemos tener una larga conversación sobre sentimientos?

En segundo lugar, ¿alguna vez empezamos nosotros una conversación emocional? ¿Introducimos en medio de ella un «pues yo me siento...»? ¿O siempre nos decimos que no queremos agobiar a los demás con nuestras cosas, que ya tienen suficiente con lo suyo, que a nadie le interesan nuestros problemas? ¿Nos consideramos personas fuertes y autosuficientes que siempre salen adelante sin necesidad de apoyarnos en nadie? ¿Nos sentimos incómodos cuando los demás tienen que cuidarnos a nosotros?

Si consideramos que algunas de estas frases nos describen, quizá sí tenemos pequeños rasgos alexitímicos. Está bien saberlo, pues solo podemos modificar aquellas cosas de las que tenemos conciencia.

· · · · ·

Por último, es importante **profundizar en nuestra historia**, aunque nuestros recuerdos sean pobres y escasos, sin descartar la importancia de esta exploración diciéndonos que nuestra infancia fue normal, que nuestros padres eran como todos los de su generación y que, si vivimos algo negativo, nos ha hecho mejores personas o más fuertes. No, no se trata de fabricar traumas donde no los hay, pero nuestros padres seguramente fueron personas que, como todas, tenían su forma de ser, sus particularidades y sus cosas. A nadie lo ha criado un prototipo perfecto de padre o madre. Así, cuando nos cerramos a la curiosidad con estas frases, en cierto modo estamos sacando el pie del agua. **Entender cómo fueron las relaciones dentro de las cuales se fue configurando nuestro cerebro es entrar en el terreno emocional.** Si no tenemos práctica en profundizar en él, se nos hará extraño, incómodo, pero necesitamos entender nuestras raíces. Forma parte del proceso que, con el tiempo, mejorará nuestros problemas. De entrada, dejar de luchar significa aquí hacer un acto de fe.

• • • • •

Si nos ha costado observar esos recuerdos y emociones, dediquemos un rato a nuestra Libreta de Recursos Nutritivos y tratemos de describir en ella un recuerdo concreto de nuestra infancia, algo que nos pasó un día, en un lugar, con una persona. Expliquemos qué ocurrió, cómo reaccionamos nosotros y cómo lo hicieron los otros. A continuación, hagámonos preguntas sobre ese momento:

- ¿Qué sentíamos en aquel momento?

- ¿Qué pensábamos? ¿Y la otra persona?

- ¿Qué motivos teníamos para actuar como lo hicimos?

- ¿Qué motivos imaginamos que podría tener la otra persona?

- ¿Cómo creemos que se podría sentir por dentro?

- ¿Cómo nos sentimos al final?

- ¿Tenemos otra perspectiva ahora, cuando ya ha pasado el tiempo?

- ¿Nos sentimos diferentes de como éramos entonces?

- ¿Qué pensaríamos si lo viéramos en otra persona, en otro niño?

- ¿Nos daría ese hecho otra sensación?

• • • • •

No hace falta llegar a ninguna conclusión, el objetivo de este momento de reflexión es únicamente hacernos preguntas.

 **Aprender a ver**

El lenguaje emocional puede aprenderse, aunque, como es lógico, aprender un idioma de adultos lleva su tiempo y requiere un trabajo lento y paciente, que debe practicarse en distintos ámbitos.

Debemos aprender primero sobre las emociones a nivel teórico: para qué sirven, cómo funcionan, qué significan y adónde nos llevan. A la vez, con la ayuda de quienes nos rodean, debemos **atrevernos a tener conversaciones emocionales.** Se trata de preguntar a los demás sobre lo que sienten y, sobre todo, de escuchar y prestar atención, no solo a lo que nos cuentan, sino también a sus expresiones, al tono que emplean y a qué le dan importancia. Si notamos que compartimos algo de lo que nos cuentan, introduzcamos en nuestras charlas algún «yo también me siento…», aunque no sepamos de entrada explicar mucho más. No vale únicamente con aprender la teoría, tenemos que ensayar la aplicación práctica.

Para **aprender a identificar lo que sentimos**, hay recursos que nos pueden ayudar. Por ejemplo, en el apartado «Recursos para Terapeutas» de mi página web[1] hay unas **tarjetas de estados emocionales** que podemos tener a mano cuando nos sintamos mal. En ocasiones, elegir entre diversas imágenes o palabras que parecen encajar con lo que sentimos resulta más sencillo que elaborar desde cero una descripción de nuestro estado emocional. Algunas personas a las que se les da bien dibujar consiguen expresar así sentimientos que se resisten a las palabras. Si nos gusta la música, podemos elegir una melodía

---

[1] www.anabelgonzalez.es (consultado el 30/10/2024).

que resuene con nuestro estado de ánimo. Se trata de mojarnos los pies, de aprender a andar en contacto con el agua.

Para entender nuestra propia historia, la escritura puede ser una herramienta muy útil. Podemos convertirnos en novelistas y **escribir sobre nosotros mismos**, pero no con el afán de reunir más y más datos, sino por el gusto de describir a todos los personajes, incluidos nosotros, que forman parte de nuestra historia, las relaciones, las interacciones, el efecto de los demás sobre nosotros mismos (y, por supuesto, a la inversa). Probablemente al principio nos enfrentemos a una página en blanco que nos parezca difícil de llenar. Podemos ayudarnos de aquellas personas que también estuvieron en algunas de las cosas que vivimos y queremos narrar: familiares, amigos, compañeros de colegio, colegas del trabajo, etcétera. Aunque sus historias no sean necesariamente más fidedignas que la nuestra, nos ofrecerán otras perspectivas, otras miradas, otros matices.

El poder de las palabras

Para comenzar a escribir nuestra historia, podemos hacer este ejercicio:

1. Pensemos en un adjetivo (da igual si es positivo o negativo) que describa nuestra relación con alguna persona importante de nuestra infancia.

2. Ahora, pensemos en un momento concreto que sea un ejemplo de ese adjetivo. Por ejemplo, si decimos que era una persona cariñosa, describamos una situación, un instante, donde nos lo demostró.

3. Intentemos no analizar ni juzgar nada, solo observemos: ¿qué emociones sentimos ahora?, ¿qué sensación notamos en el cuerpo? Si la respuesta que

nos surge rápidamente es «no noto nada», detengámonos un par de minutos (utilicemos un cronómetro o el temporizador del celular) y prestemos atención. Si aun así no percibimos ninguna sensación, observemos el ritmo y la profundidad de nuestra respiración, sin intentar modificarlos.

4. Describamos las emociones y las sensaciones, sin decidir si son adecuadas o no. ¿Sentimos nuestro cuerpo tenso o relajado? ¿Dónde? ¿Notamos sensaciones de calor o frío? ¿Respiramos con facilidad, despacio, o rápidamente y con cierto esfuerzo? «Escaneemos» nuestro cuerpo de la cabeza a los pies, y simplemente prestemos atención a las emociones y sensaciones que vayamos percibiendo.

• • • • •

El objetivo de este ejercicio es aprender a pararnos, a analizar las cosas desde ejemplos muy concretos, a notar sensaciones y traducirlas a palabras.

Escribamos también lo que nos ocurre a diario, centrándonos en lo que sentimos, en lo que notamos en el cuerpo. Aunque al principio no sepamos muy bien qué significa, **describamos lo que nos sucede y lo que sentimos** como mejor sepamos. Cuando nos notemos mal, física o emocionalmente, escribámoslo fijándonos en qué pasó antes: con quién hablamos, qué hicimos (o no llegamos a hacer), en qué pensábamos, con qué soñamos la noche anterior, etcétera. Seamos lo más precisos posible. Con el tiempo, tendremos la perspectiva e información necesarias para entresacar las claves que nos ayudarán.

Imaginemos que, al releer la historia que hemos escrito, comprobamos que determinadas situaciones, como las discusiones, nos ocasionan poco tiempo después un dolor de estómago. Este descubrimiento nos permitirá llegar a una conclu sión muy útil: «las discusiones me agobian». Detectada esta clave, podremos mirar atrás, a los distintos momentos en los que presenciamos o participamos en alguna discusión, y llegaremos a entender otros componentes de nuestra reacción emocional.

Este proceso, que nos ayudará a entrelazar esto y aquello, únicamente puede hacerse poco a poco. Primero, tendremos que **aprender a nadar en lo emocional** y, más adelante, ya podremos bucear con calma. Aunque es normal que al principio no sea agradable, bucear en lo que sentimos desde la curiosidad es como explorar el mundo submarino para descubrir sus especies animales y los arrecifes de coral. Hay que comenzar poco a poco, como hacen los buceadores para adaptarse a la presión, y también subir a la superficie con frecuencia para cargarnos de oxígeno. Bucear en las emociones no significa nadar hacia abajo sin descanso, no consiste en dejarnos caer hacia la oscuridad, es disfrutar de un universo apasionante que vive bajo la superficie.

 **Ayudar a crecer**

Cada vez que entremos en el agua, nos acostumbraremos un poco más a ella. Con el tiempo, exploraremos nuestra historia emocional y nos pararemos a pensar en las relaciones y en lo que representaron. Pensaremos en lo que hubiera supuesto, cuando éramos pequeños, que alguien se diera cuenta de que estábamos mal, y sentiremos cierta compasión por ese niño que fuimos. También aprenderemos a comunicarnos a nivel emocional, aunque de entrada será difícil y nos sentiremos perdidos muchas veces. Seremos aprendices, lógicamente inseguros, pero en algunos momentos comenzaremos a notar leves sensaciones de conexión, de afecto. A partir de ahí, algo empezará a cambiar. Nuestra mirada interna se volverá más cálida, a la vez que **aumentará nuestra capacidad de entender los sentimientos y los motivos del otro.** Cuando nos animemos a contarle a alguien cómo estamos, quizá nos dará vergüenza o vértigo, y no siempre la respuesta del otro será reconfortante, pero en algún momento podremos notar la resonancia de un «lo entiendo», «a mí también me pasó algo así». Aprenderemos a guardar esa sensación en nuestro interior, o al menos a saber que existe, y que, tal como surgió ese día, esa opción sigue ahí, a nuestro alcance.

Cuidemos nuestras sensaciones para que crezcan

1. Pensemos si cuando éramos niños hubo algún episodio en que nuestros padres o las personas que nos cuidaron no nos dieron el afecto, la atención, el reconocimiento que necesitábamos. Si localizamos este tipo de sensación, parémonos a notar cuál es la necesidad que no fue cubierta. Si nos cuesta definirla, empleemos las tarjetas de estados emocionales (miremos en el apartado anterior), y seleccionemos aquella que nos parezca más relacionada con la sensación que nos genera pensar en esa experiencia infantil.

2. Ahora, busquemos cualquier recuerdo en el que alguien nos hubiera dado, aunque fuera solo un poco, lo que necesitábamos: alguien que nos mostró afecto, que nos prestó atención, que nos valoró. No importa si fue algo ocasional, o si la persona era importante para nosotros. No lo comparemos ni lo descartemos porque fuera algo pequeñito. Recordemos esa sensación.

3. Volvamos a pensar en el niño que éramos, el que había necesitado mucho eso, y mostrémosle la sensación que notamos, como si se la estuviéramos dejando notar a él. No importa si apenas la percibimos o si solo la intuimos, enseñémosle que está ahí.

4. Mientras lo hacemos, digámosle a ese niño que sí puede tener lo que necesita, que lo irá sintiendo poco a poco, a veces, en distintos momentos y con distintas personas.

5. Quizá pensemos «vale, pero yo quería que esto viniera de otros que eran importantes para mí», pero volvamos a poner nuestra atención en ese instante en que sí lo hubo, y en lo que nos hace sentir, y volvamos a mostrárselo al niño que fuimos. Estos momentos son reales y, si pensamos en ellos, es probable que acabemos reuniendo más de los que nos parece. Escribamos una lista con todos ellos en nuestra Libreta de Recursos Nutritivos, dibujémoslos, repasémoslos periódicamente. Retomemos ahora la lista que escribimos al principio, la de las personas a las cuales les estamos agradecidas por algo. Seguramente, en esa lista vamos a encontrar algunas de esas sensaciones.

6. Cada uno de esos momentos irá rellenando el hueco de la sensación que nos faltó. Pero para que eso sea así, tenemos que «sembrarlo» en nuestro cuerpo. Por ello, con cada momento, observemos la sensación que nos produce. Será tan suave que apenas la percibiremos, o estará mezclada con muchas sensaciones desagradables, pero reguemos esa sensación positiva con nuestra atención durante unos minutos.

Este ejercicio quizá no nos sea fácil al principio, pero, a medida que lo repitamos, nos resultará cada vez más sencillo. Cada vez que ponemos la lupa justo en la sensación nutritiva, crece un poquito. Es necesario ser pacientes, las plantas no crecen de un día para otro.

No me abandones

Miro dentro de mí y solo te veo a ti. Sin ti, no soy nada. Y si pienso en que puedes irte, dejo de pensar, mi cabeza se desintegra, y me lleno de angustia. Si me paro a sentirme, noto un vacío que necesito desesperadamente llenar. Quiéreme. No te vayas. No te alejes. No podría soportarlo.

La sensación de abandono es más frecuente en los apegos preocupados. El patrón de apego con el que funcionamos deriva, en parte, de los vínculos establecidos con las figuras principales de nuestra infancia, aunque no es una relación matemática en la que A lleva siempre a B. En cada apego influyen muchos factores, pero a menudo el tipo de cuidado que se relaciona con una sensación de abandono es ambivalente. El cuidador está, pero de un modo impredecible, así que el niño no sabe bien qué puede esperar del adulto que se ocupa de él. Unas veces, llorar funciona, mientras que otras no surte efecto. Cuando esto ocurre, el niño se aferra y se desespera intentando que, con una dosis mayor de su llamada a esa otra persona, esta reaccione como necesita. Sin embargo, cuando el adulto lo hace, para el niño nunca resulta realmente satisfactorio. Son cuidadores que toman al niño en brazos, pero que a veces lo hacen con brusquedad, sin mirarlo, con un abrazo poco redondo, poco cálido. Cuando atienden al niño, estos adultos suelen mostrarse angustiados, nerviosos, crispados. Aunque se den momentos en los que hay una mayor cercanía, es como si hubiera un desajuste entre la llamada y la respuesta, que además es variable y no sigue un patrón predecible.

Lo único que el niño puede esperar con cierta coherencia en tal caso es, precisamente, la inconsistencia, la variabilidad errática de la respuesta. A lo largo de su infancia, elaborará un mapa sobre cómo funciona la interacción con los demás, un mapa cuyo destino habitual es la **insatisfacción relacional.** Esta decepción será lo que espere de sus relaciones, y, con sus sensores afinados para detectar indicadores de que la respuesta del otro no es la adecuada, siempre encontrará inconvenientes en cualquier relación, que resultará no ser suficientemente intensa, suficientemente dedicada, suficientemente sincera. Y, por lo general, generará también en la otra persona la sensación de que, haga lo que haga, «nunca es suficiente».

Cuando funcionamos así, el **miedo al abandono** suele estar muy presente en nuestras relaciones y acaba configurando nuestra manera de situarnos en ellas. Quizá estemos siempre pendientes de que los demás no nos dejen, antes incluso de empezar una relación de cualquier tipo. Quizá hagamos muchas cosas que no nos convienen con tal de evitar ese abandono, sea real o imaginario, como permanecer en relaciones maltratantes, en las que aceptamos humillaciones o por las que renunciamos a todo lo que nos importa. Si echamos la vista atrás, probablemente seremos dolorosamente conscientes de momentos de ausencia, momentos en los que notamos demasiado una necesidad que no fue atendida. Sin embargo, pensar en ello tambalea nuestros cimientos y amenaza con desintegrarnos.

Este escenario es muy distinto al que vimos en el capítulo anterior, pues los que crecen en desiertos emocionales, en la ausencia absoluta, aprenden a no notar lo que necesitan, se autoanestesian, no tienen ya hambre, frío ni dolor. En cambio, los que notan el dolor de las experiencias de abandono sí han podido paladear, o al menos intuir, qué significa tener. De hecho, la forma inconsistente en la que se cubrieron sus necesidades generó un **refuerzo intermitente.** Me explico. Cuando una conducta lleva a la respuesta esperada, esta se potencia y aumenta, así que se habla de un refuerzo positivo. Por otro lado, si nunca tiene la respuesta deseada, se acaba extinguiendo, ¿para qué seguir con ella? Cuando una conducta es penalizada, por ejemplo, a través de un castigo, quizá disminuya. Sin embargo, si la respuesta a una conducta es impredecible o errática, de modo que resulta imposible saber qué ocurrirá en cada caso, la conducta se refuerza muchísimo más que cuando se hace sistemáticamente. Es como si esa indefinición en la respuesta hiciera que el sistema lo intentara con más fuerza, porque la respuesta no viene sola, hay que insistir hasta que llega.

Con el refuerzo intermitente, la conducta se desproporciona y se intensifica «por si acaso», pues la persona anticipa que podría no haber respuesta si no lo intenta lo suficiente, y la incertidumbre aumenta la angustia. Así, en los patrones de apego preocupado el niño no se resigna, como ocurre cuando se está incubando un apego distanciante en el que, ante la experiencia consistente de no respuesta o de rechazo, aprende a no pedir ni buscar y, con el tiempo, a no sentir la necesidad e incluso a creer que no existe. En cambio, el niño que recibe un **cuidado ambivalente** lo intenta y lo vuelve a intentar cada vez con más fuerza, porque se resiste a aceptar que no haya respuesta. Es más, se acaba resistiendo incluso cuando viene, porque esa respuesta nunca es como espera, o no disfruta de los pocos momentos que más se parecen a lo que siente que necesita porque la anticipación de que serán insatisfactorios le impide gozar de ellos.

Las personas que, desde este último patrón de **apego preocupado**, viven marcadas por el **miedo al abandono** nunca sienten que la relación con el otro esté asegurada. Se mantienen siempre vigilantes, atentos a presuntas señales de que la otra persona se va a ir, de que no los quiere, al menos no como ellas entienden que hay que querer. Necesitan pruebas de ese amor, prestan una atención desmedida a los detalles negativos o a las faltas de demostración de afecto que pueden interpretarse como pruebas de desamor. Así, el olvido de un aniversario o de otra fecha señalada puede vivirse como una hecatombe de proporciones cósmicas. Este es uno de los patrones en que los celos pueden suponer una interferencia grave en la relación, porque que la otra persona establezca nuevos vínculos se siente como una amenaza de abandono, y el abandono es un vacío de dolor al que uno no puede asomarse. La salida para esta trampa, de la que quien la sufre suele ser bien consciente, nunca es alcanzar la certeza de que el otro siempre estará ahí, ni buscar a alguien que nos dé todo lo que necesitamos exactamente como lo necesitamos. Tenemos que ir a la raíz de la **insatisfacción.**

 Entrar sin pelear

Al contrario que en el patrón anterior, aquí la experiencia de pelea constante es muy consciente. La lucha por no ser abandonados y porque otros satisfagan nuestras necesidades es continua y no nos da tregua. La salida pasa por aprender a no pelear, a frenar ese impulso. Para ello, conviene hacer un viaje dentro de nuestra mente: mirar en nuestro interior, dar un paso atrás, tomar perspectiva. Tenemos que **observar nuestra emoción sin dejar que nos arrastre**, y bajar a los datos concretos. Entender de dónde viene el ansia, yendo hasta el borde de ese abismo que sentimos que puede engullirnos, y detenernos ahí para mirar al fondo. Entender la sensación de abandono de la infancia sin entrar en ella. No intentemos hacer un viaje largo en nuestros primeros intentos. Simplemente, miremos desde lejos y digámonos que esa sensación ya es antigua. Somos adultos capaces de cuidarnos solos, aunque nos sintamos *como si fuéramos* niños abandonados. El «como si fuéramos» es esencial en esta frase. No lo somos, no somos niños abandonados, pero nos sentimos así porque hay emociones no resueltas que todavía nos acompañan. Nos surgirán numerosos porqués, nos rebelaremos contra lo que faltó, y ahí es donde tenemos que aprender a dejar de pelear.

· · · · ·

Si en este punto sentimos que esos momentos nos desbordan, descansemos un minuto. Son emociones difíciles. Apartemos los recuerdos, observemos los pensamientos y dejémoslos marchar, sobre todo las preguntas que nos agobian. Tomemos aire por la nariz percibiendo la sensación que sentimos en el interior de nuestro cuerpo, retengamos el aire un momento y luego dejémoslo ir como si sopláramos una vela, hasta vaciar por completo los pulmones. Al soltarlo, imaginemos que con el aire dejamos ir también la sensación que nos desborda. De vez en cuando, mientras leemos este libro, parémonos a notar lo que sentimos en el cuerpo y practiquemos este sencillo ejercicio: hagamos tres respiraciones de este tipo, contando hasta tres para tomar aire, parando un instante y, a continuación, contando seis para soltarlo todo. Es importante regularnos mientras reflexionamos y asimilamos información.

· · · · ·

Al conectar con estas sensaciones, es posible que sintamos una fuerza centrífuga que nos lleva a escapar como sea y, a la vez, otra que nos arrastra hacia abajo, hacia el dolor. Debemos mantener los pies en el suelo, entre la conciencia de saber cuánto nos complica esta sensación el presente y, al mismo tiempo, la de reconocer cuánto sentido tiene que tratemos de evitar algo que dolió tanto. Mantenernos ahí, entre el presente y el pasado, requerirá toda nuestra atención y nuestra energía, por eso no podemos desperdiciarla peleando contra la realidad ni dejarnos reconcomer con mil porqués acerca de nuestra infancia. Todo eso puede esperar. Lo importante ahora es **aprender a observar las conexiones**, a mirar sin intentar (por ahora) entender. En resumen, sentir,

58

pero a la vez tomar algo de distancia respecto a lo que nos pasa y a lo que nos pasó.

 **Aprender a ver**

Bajo nuestro miedo al abandono hay una necesidad, aunque en realidad esta solo tuvo sentido en la primera infancia. Si lo pensamos, únicamente podemos ser abandonados cuando somos niños, porque ahí, cuando los adultos que nos cuidan dejan de estar, nos quedamos completamente desamparados. Ese vacío sí es un abismo, sí da miedo. Ese abandono puede desintegrarnos, y en cierto modo lo hace. Sin embargo, **un adulto tiene la capacidad (lo sienta así o no) para cuidarse, para desarrollar autonomía, para tomar decisiones**. Aunque esté solo, nunca se halla completamente a merced de los elementos, al menos no al nivel que puede estarlo un niño. Solo algunas situaciones vitales muy graves pueden llevar a un adulto a una amenaza de desintegración. Cuando nos enfrentamos a situaciones cotidianas que nos generan esa sensación, como ocurre cuando ciertas personas dejan de formar parte de nuestra vida o hay cambios en las relaciones importantes, se nos reactivan nuestras experiencias tempranas de abandono. En muchos casos, esas pequeñas (pero emocionalmente significativas) experiencias, en las que necesitamos desesperadamente algo que no llega o no satisface nuestra necesidad, se nos asocian al dolor y a la ausencia. Podemos simplemente contemplar nuestras experiencias sin más, sin pelear, porque esa mirada serena no cura el dolor, pero reduce la desesperación.

Debemos aprender a ver alrededor, pero también es muy importante aprender a observar nuestra mente y la de los demás. Algo que parece muy obvio, sin serlo en absoluto, es que los procesos mentales no son verdades, no son realidades, ni tampoco son falsos. El pensamiento «nadie me quiere, todos se alejan de mí» no es una verdad, es un pensamiento. **Los pensamientos tienen que ver con la realidad, pero no siempre la describen con exactitud.** De hecho, en ocasiones los pensamientos influyen en lo que vemos. Lo mismo pasa con las emociones. Cuando nos ponemos los lentes del abandono, podemos verlo donde no está, podemos encontrarlo por todas partes. Es más, nuestros pensamientos acaban provocando justo lo que tememos, porque nos llevan a comportarnos con mayor angustia, complacencia o susceptibilidad y hacen que los otros no entiendan lo que sucede o se alejen. No, no es culpa nuestra, pero es importante mirar con curiosidad los engranajes de nuestra mente y sus circuitos favoritos para que podamos intervenir en ellos. Observar nuestra mente (sin reñirnos) no cambiará nada por sí solo, pero es el principio del cambio.

 **Ayudar a crecer**

Cuando conseguimos ver, a través de la desesperación, la necesidad que no fue cubierta, toca **empezar a sembrar** en ese lugar. La idea es dejar de pensar, una y otra vez, en lo que faltó o no fue como esperábamos, y empezar a pensar en cómo sería si lo tuviéramos. Podemos imaginarnos, desde el adulto que somos, cuidando exactamente así al niño que fuimos, en esos momentos precisos en los que tanto lo necesitamos. También podemos imaginarnos recibiendo ese gesto de afecto, escuchando esas palabras, y visualizar y experimentar esa sensación.

Cuando somos adultos, esperar que venga alguien a darnos lo que necesitamos nos atrapa en una posición infantil, desajustada de nuestra realidad presente. En la cabeza de un adulto, hay un mundo interno en el que operamos: pensamos sobre lo que sentimos, pensamos incluso sobre lo que pensamos, y podemos generar (aunque con dificultades más que comprensibles) cambios en nuestro interior. Podemos aprender a darnos cuenta de qué necesitamos y movernos hacia ello para conseguirlo. Muchas personas se resisten a hacer ese cambio, y reclaman que son los demás, tanto sus seres cercanos como la sociedad en general, los que deben entender sus dificultades y compensarlas. Sienten que han vivido una injusticia que debe ser reparada, y cualquier idea que pase por asumir la responsabilidad y el protagonismo en su recuperación la viven como un agravio. Cuando se les anima a explorar salidas, se sienten incomprendidas o se culpabilizan por el problema que sufren. Dejar atrás esta paradoja es difícil, pero hay que salir de ella. **Es importante que los demás hagan cambios, pero también lo es que nosotros mismos no nos sentemos a esperar que eso suceda.**

Otro cambio que puede ayudarnos es desasociar la soledad y el abandono. El abandono es una amenaza de desintegración que vivimos en la infancia. La soledad, en cambio, es una situación que un adulto puede llegar a disfrutar. Con frecuencia, las personas con miedo al abandono toleran mal la soledad, porque la equiparan con aquellas sensaciones difíciles que vivieron de niños. Buscar pequeños momentos con nosotros mismos, llenos de cosas que nos resulten agradables, puede ayudar a separar ambas experiencias. Esto nos hará menos vulnerables a que los demás no estén, y ayudará a que desarrollemos una autonomía que hará crecer nuestra seguridad.

Imaginemos tres niños en la playa. El primero se aburre, simplemente pasea, nada llama su atención. El segundo busca una concha perfecta, pero todas las que encuentra tienen algún defecto, no son totalmente simétricas o están rotas, y las va tirando. El tercero recoge una concha que brilla en una esquina, mira esta otra tan pequeñita y la pone junto a otra parecida pero más grande, encuentra una caracola y se entretiene poniéndola en su oreja. ¿Cuál de ellos se la pasa mejor? Si lo pensamos bien, en el fondo la vida no es más que un paseo por la arena de la playa. **No peleemos con la insatisfacción, aceptémosla como parte de la vida.**

1. La sensación de que no nos dan las cosas como sentimos que las necesitamos es parte de la vida misma, y no es necesariamente mala

2. Los demás no están en nuestra mente para saber exactamente qué necesitamos, ni siquiera aquellos que nos conocen bien

3. Los demás no tienen (ni sería bueno que tuvieran) toda su energía focalizada en responder a nuestras necesidades en la proporción y el instante en que nos surgen

4. Si por dentro sentimos que lo que nos dan no es suficiente o no nos satisface por completo, quizá nos sintamos así incluso cuando nos lo den todo y más, porque la insatisfacción es interna

5. Más que evitar esa sensación, es importante aprovechar lo que sí nos pueden dar los demás, tal como nos lo pueden dar. Tomemos trocitos de aquí y allá, saboreémoslos, notémoslos

6. Las otras personas nunca van a tener una pieza de rompecabezas que encaje exactamente en nuestro hueco. Los demás nos irán dando pequeñas cosas que nos aportarán algo. Muy poco a poco, si no las descartamos por imperfectas, esas piezas irán llenando nuestro hueco

¿Entendimos algo sobre nosotros, sobre los demás, sobre las relaciones? No me refiero a una conclusión como «sí, entendí que la gente es egoísta», pues los juicios no están movidos por la curiosidad, sino que, de hecho, cierran el entendimiento. Tampoco a «entiendo que todo esto es mucho para mí, nunca lo conseguiré», que es una muestra de cómo la inercia del vacío nos jala hacia el fondo del abismo. Me refiero a comprender de verdad, con respuestas como «entiendo mejor esta dificultad que tengo», «veo por dónde puedo cambiar esto» o «comienzo a saber por qué esta persona se comporta así». Si pensamos en alguna de estas reflexiones, escribámosla en nuestra Libreta de Recursos Nutritivos, que también se alimenta de momentos presentes.

Agujeros negros

La característica esencial de lo que llamamos locura es la soledad, pero una soledad monumental. Una soledad tan grande que no cabe dentro de la palabra soledad y que uno no puede ni llegar a imaginar si no ha estado ahí. Es sentir que te has desconectado del mundo, que no te van a poder entender, que no tienes palabras para expresarte. Es como hablar un lenguaje que nadie más conoce. [...] Y resulta que en el verdadero dolor, en el dolor-alud, sucede algo semejante. [...] La pena aguda es una enajenación. Te callas y te encierras.

Rosa Montero,
La ridícula idea de no volver a verte

A veces el abandono es muy concreto, sucede en un momento específico, y genera una herida. Las heridas de abandono son particularmente difíciles de sanar, más que el maltrato deliberado. En las personas a las que he acompañado como psicoterapeuta, estas vivencias suelen ser elementos nucleares de lo que les ocurre, pero también las más difíciles, porque las viven como un agujero negro que las absorbe hacia el dolor. Por ello, con frecuencia elegimos empezar nuestro viaje emocional observando el daño de lo que ocurrió y no debió pasar, dejando el trabajo con las experiencias de abandono para cuando tengan los pies apoyados bien firmes en el suelo. Por muy terribles que sean, el maltrato o el abuso son heridas más evidentes y accesibles. Así, una vez curadas, podemos empezar con los huecos. Para entonces, además, la persona que acude en busca de ayuda y yo nos hemos ido conociendo mejor, y eso facilita mucho este proceso, que no es nada sencillo. Si hemos experimentado estas dificultades, seamos comprensivos con nosotros mismos.

El abandono no es lo mismo que la ausencia. Alguien que nunca ha estado no puede dejar de estar. Si no hemos pertenecido, no podemos dejar de formar parte, no podemos perder un vínculo que no se ha establecido nunca. Solo cuando establecemos una conexión con alguien, podemos sentir el dolor de perderla y de que, además, esto se deba a la decisión del otro de marcharse. A veces, absorbemos el dolor de alguien que sí fue abandonado y nos transmite su dolor. Por ejemplo, no conocimos a nuestro padre y sentimos incómoda a nuestra madre cuando le preguntamos qué ocurrió, de modo que comprendemos que es un tema difícil para ella y dejamos de hablar sobre las sensaciones que esa falta nos remueve. Lo mismo ocurre cuando nadie nos habla de algo y, precisamente por ese motivo, intuimos una verdad dolorosa detrás del silencio.

Estas experiencias pueden ser a veces muy evidentes para la persona. Es obvio que un padre o una madre que decide marcharse dejando a sus hijos atrás pasa de estar presente a no estarlo. Sin embargo, en otras ocasiones no son tan obvias, porque no parece haber intención en el adulto de abandonar al niño, son cosas de la vida. Por ejemplo, Mauro se crio en casa de sus abuelos hasta los nueve años, cuando sus padres decidieron trasladarse a una ciudad distinta para buscar trabajo y se llevaron al niño con ellos. Silvia se quedó a vivir con uno de sus progenitores, que perdió la custodia frente al otro, y únicamente veía a este último en vacaciones porque vivía muy lejos. Aunque los que dejaron de estar en la vida de estos niños no se fueron con la intención de alejarse de ellos, sino por motivos laborales o para terminar una relación de pareja problemática, la vivencia del niño puede resultar igualmente dolorosa. En su mente infantil, las preguntas se acumulan: ¿pudieron haberlo hecho de otro modo?, ¿pelearon lo suficientemente por mí?, ¿se rindieron sin más? Esta rabia puede ser consciente o subyacente, pero el dolor es complejo, y más aún si la relación con los que se quedan al cuidado del niño no es la mejor del mundo.

Algunos adultos pueden abandonar a sus hijos, aunque sigan estando presentes físicamente. Por ejemplo, un progenitor se marcha y el otro entra en una profunda depresión, lo que hace el abandono doble: el de quien se va y el de quien deja de estar emocionalmente disponible. También hay experiencias abrumadoras que dejan a los adultos fuera de combate durante un tiempo, enfermedades que absorben su atención y su energía (y, por tanto, la apartan del niño), trabajos que se precisan para subsistir pero que restan tiempo para velar por los que todavía están en edad de necesitar ese cuidado. Todas estas situaciones generan heridas de abandono, sobre todo cuando hay un antes y un después, es decir, cuando hubo un tiempo en el que había afecto, atención, cuidado, y después eso desaparece. El modo en que el abandono nos puede afectar no es el mismo cuando es consecuencia de unas circunstancias no buscadas por el adulto, cuando fue algo estrictamente necesario. Por ejemplo, si la familia se queda sin recursos y el trabajo es esencial, el abandono no genera los mismos efectos que si, habiendo medios para organizarlo de otro modo, se optó por no priorizar al niño. No es lo mismo si el niño tiene otras figuras alrededor, personas que entienden, arropan y compensan lo que un cuidador principal no atiende, que si no hay nadie más. Pero aun así, entender la lógica de las situaciones no siempre hace que no nos afecten, porque lo que falta sigue faltando.

Más adelante hablaremos de las pérdidas, pero hay un tipo de duelo que resulta muy complicado por este componente adicional de abandono: la muerte por suicidio de uno de los progenitores, sobre todo cuando ocurre en la infancia o la adolescencia. No es una muerte cualquiera, sino que es el resultado de una decisión intencionada del progenitor. Aunque lógicamente quien se suicida no lo hace tratando de generar ese dolor en su hijo, el niño siente que no fue suficientemente importante como para motivar a su padre/madre a seguir adelante.

Por último, hay intentos de abandono que consisten en amenazas que no necesariamente llegan a cumplirse, como «un día me voy a ir, y tendrán que arreglárselas sin mí», «voy a hacer las maletas, porque no puedo con ustedes», «el día que me vaya, ya me echarán de menos», etcétera. En línea con el párrafo anterior, en momentos de desesperación podemos llegar a decir cosas como «me voy a quitar de en medio», «solo quiero desaparecer» o «me quiero morir, no puedo más», frases que en los niños (que escuchan mucho más de lo que creemos) generan una enorme angustia ante el abandono. El efecto en el niño es el mismo, tanto si la amenaza se cumple como si no lo hace nunca, porque sentimos que la presencia de esa persona importante para nosotros pende de un hilo que puede romperse en cualquier momento. Crecer en esa incertidumbre es crecer con el fantasma del abandono.

Entrar sin pelear

Como decía al principio, estas heridas pueden curar, pero son a la vez las más complejas de resolver. Ante esta dificultad, muchas personas se revuelven para no tocar ahí, para no hablar de ello, para no conectar con esas sensaciones. Sin embargo, necesitamos partir de ese punto para que puedan evolucionar. Lo que no tocamos permanece intacto, y cuando son sensaciones complejas, que se queden así es lo que menos nos interesa. Somos conscientes de la rabia contra los que nos dejaron, pero conectar implica ir más abajo, implica soltar el miedo de la soledad, llorar la tristeza de la pérdida, ventilar la vergüenza de pensar «¿por qué no fui suficiente para que se quedara conmigo?». Hay que notar... y soltar.

Puede suceder también que lo que se active no sea tanto una pelea como un dejarnos caer, el autoabandono del que ya hemos hablado. Es importante conectar, pero a la vez sostenernos mientras lo hacemos, dejarnos acompañar y vigilar la tendencia a aislarnos, a decirnos que no se puede hacer nada con la sensación que percibimos, a convencernos de que nada vale la pena. Todo eso no es más que parte del torbellino del abismo, del vacío, al que debemos mirar con los pies bien puestos en el suelo. Por eso es importante hacerlo cuando tenemos un buen día, con la ayuda de un amigo o de un terapeuta, y no precisamente en un mal momento o en una temporada dura. Para conectar y sostenernos, debemos hacerlo con las baterías recargadas.

Conectemos con nuestras emociones

Percibamos la sensación que notamos tras haber leído hasta aquí y fijémonos en qué parte del cuerpo la sentimos con mayor intensidad. Coloquemos nuestra mano con suavidad sobre esa zona para cuidar la sensación.

Imaginemos ahora que la sensación no es nuestra, sino de un animalito o un bebé que nos despierta ternura. Miremos nuestra sensación como si la tuviera ese ser pequeño y delicado, al que estamos cuidando. Acompañémoslo sin meterle prisa para que se ponga bien, démosle calor con nuestra mano, acunémoslo con nuestra respiración, hablémosle, cantémosle incluso. Quedémonos con él un buen rato, cuidándolo, notando la sensación y notando cómo nuestra mano la cuida. Simplemente, observemos.

Quizá la sensación aumente porque nos permitimos sentirla. Quizá se alivie. Quizá cambie. Todas las posibilidades son buenas, simplemente prestémosles atención. Si notamos cualquiera de estos cambios, significa que podemos hacer algo con lo que sentimos. Detengámonos un momento y notemos lo que significa.

Anotemos lo que sentimos en nuestra Libreta de Recursos Nutritivos. Si nos cuesta trabajo, parémonos a pensar. Pasados unos minutos, exploremos esto desde la curiosidad: ¿quizá nos hemos dado cuenta de que nos habíamos desconectado de nuestras emociones más de lo que creíamos? Si algo nos afecta, seguro que es importante para nosotros y entenderlo nos resultará útil. Ya aprenderemos a manejarlo. Apuntemos en qué aspectos nos ayudó a entendernos mejor. Recordemos: los momentos de comprensión son momentos nutritivos.

• • • • •

Aprender a ver

Hemos conectado con nuestras emociones, o al menos comenzamos a conocerlas mejor. Aunque cueste, y tengamos que irlo haciendo poco a poco, esas emociones nos hablan de cosas que necesitamos. **Una parte de la solución se encuentra en nuestro interior: debemos aprender a cuidar nosotros mismos de nuestras necesidades.** Pero es igualmente importante la otra parte: seguir nutriéndonos ahora con lo que tenemos alrededor.

Nosotros tomamos nuestras propias decisiones

Hemos visto algunos ejercicios orientados a poner nuestra atención en aquellas cosas que podrían llenar nuestro vacío. Es importante hacerlos, pero aún lo es más prestar atención a cómo lo hacemos: ¿tratamos de absorberlas ansiosamente?, ¿nos decimos que no nos servirán de nada?, ¿que no son para nosotros?, ¿que en realidad no nos apetecen o nos da pereza hacer el ejercicio? Es normal que nos vengan estas y otras frases a la mente, porque probablemente hasta ahora, para manejar nuestro agujero negro emocional, hemos tenido que taparlo muchas veces y con insistencia, y todos estos pensamientos han venido en nuestra ayuda para mantenerlo lo más sellado posible. El «no me importa» pudo surgir para apartar el recuerdo de una persona que dejó de estar en nuestra vida; un «estaba muy mal» puede justificar al otro, y pretender con eso minimizar nuestro dolor; «está superado, es pasado» quizá empujará hacia atrás las memorias y las volverá a enviar al agujero del que salieron; y el «no volveré a pasar por eso» puede frenarnos cuando nos pasa por la cabeza volver a implicarnos emocionalmente. Es importante que podamos percibir nuestras necesidades y dejar que nos lleven hacia lo que es bueno para nosotros. Es bueno intentar otros vínculos, ilusionarnos con ellos y disfrutarlos. Sin embargo, para lograr hacerlo, debemos lidiar con el fantasma que nos acompaña, el riesgo de otro posible abandono: mirémoslo de frente, sentémonos a hablar con él, pero no dejemos jamás que decida por nosotros.

Pablo perdió a su madre con once años. Ella se fue de casa con sus hermanos pequeños mientras él estaba trabajando en el campo con su padre. La relación entre sus progenitores estaba deteriorada y toda la familia paterna trataba muy mal a su madre, así que imaginaba que, un día, ella ya no pudo soportarlo más. Pablo entendía que, de no irse así, no la hubieran dejado marcharse. Pero eso no reducía el dolor de que él fuera el único de los hermanos al que su madre había dejado atrás. Ahora le cuesta muchísimo conectar con otras personas, porque para él es como abrir las puertas a otro dolor, idéntico a ese del que todavía no puede hablar, a ese en el que intenta no pensar. En estos casos, conviene abrir las compuertas para que el dolor se vaya. Así, era necesario que Pablo abrazara al niño al que su madre no llevó consigo, de modo que pudiera llorar todo lo que tuviera que llorar. Y necesitó ayuda para ello, aunque lo que más le costó fue dejarse ayudar. En el caso de Pablo, incluso hizo falta medicación porque su herida dolía tanto que no podía plantearse ningún otro remedio en ese momento. Mientras la usemos bajo el debido control de un profesional experto, como una ayuda para calmar las heridas y poder iniciar el proceso de la cura, y no como un anestésico para desconectarnos del dolor, la medicación puede ser un recurso muy útil.

· · · · ·

Es difícil ver con claridad en medio de un torbellino emocional en el que los impulsos y las sensaciones nos arrastran y nos empujan a apartarnos. **El desafío es mantenernos en pie y aprender a andar en medio de la vorágine.** Con el tiempo, llegaremos a marcarnos una ruta y encontraremos un refugio, no para quedarnos a vivir en él, sino para volver a caminar por la superficie. No es nada fácil, lo sé, pero sí muy necesario. Cuando lo hagamos, veremos que el tornado amaina, el aire se calma y nuestro fantasma se evapora con la luz del sol.

 Ayudar a crecer

Más arriba comenté que podemos llegar a sentir vergüenza por no haber sido suficientes como para que el otro se quede con nosotros en lugar de abandonarnos. Esto hace que muchas veces no compartamos nuestras experiencias, porque tememos ver esa idea negativa reflejada en la cara de quien nos escucha. Como si algo en nuestro interior nos hiciera creer que quien nos escucha pensará exactamente lo mismo que está en nosotros: no somos suficientes como para que no nos abandonen. Por este motivo, nos cuesta tanto compartir estas experiencias. Sin embargo, **precisamente porque las experiencias de abandono se viven en soledad, es muy importante hablar de ellas y compartirlas.** El dolor se irá ventilando, se atenuará y, finalmente, se disipará. Al compartirlas, estas sensaciones se vivirán ahora en compañía, y eso acabará coloreando los recuerdos en una tonalidad diferente, más cálida, más luminosa. El abandono es dolor y frío. El dolor, si queremos curarlo de verdad, debemos abrazarlo o, mejor aún, dejar que nos lo abracen. El frío únicamente se diluye si dejamos entrar el calor.

No todas las experiencias de abandono están contenidas aquí. Hablaremos más adelante de otros escenarios, relacionados con las pérdidas y con el abandono en situaciones que nos generaron un dolor complejo e inmanejable. Pero vayamos paso a paso, pues este recorrido es sinuoso y complicado, aunque el camino y la llegada merecen la pena.

· · · · ·

¿Este capítulo removió algo en nuestro interior? ¿Aun así llegamos hasta aquí? Entonces, ¡enhorabuena!, logramos permanecer unos minutos al borde del abismo sin dejarnos arrastrar. Recordemos: es importante no pelear, basta con mantener el equilibrio.

Si lo necesitamos, tomémonos un respiro. Este libro está pensado para avanzar de manera gradual, profundizando en él poco a poco, no tenemos por qué leerlo de un tirón. Podemos salir a dar una vuelta, siempre resulta más fácil pensar en movimiento. Pasear, viendo luz y gente, nos ayudará a despejar y procesar muchas sensaciones. Siempre que tocamos temas de abandono, tenemos que evitar caer en el autoabandono. El bucle abandono-autoabandono, del que hablamos en los primeros capítulos, es una de esas trampas en las que nuestra mente puede quedar atrapada, así que conviene estar muy atentos para evitarlo.

Si nos sentimos capaces, compartamos con alguien algunos detalles. Podemos explicarle una parte de lo que sentimos o de lo que nos pasó, por ejemplo. Pero si nos resulta difícil hacerlo, hay otros modos. Podemos mandarle a una persona amiga una canción que conecte con nuestras sensaciones, y quizá ni siquiera necesitemos decirle «hoy me siento así». Si nos gusta dibujar, utilicemos esa habilidad para expresarnos. También podemos pensar un par de frases sobre cómo nos sentimos y quizá hacer algo simbólico con ellas, como anotarlas en nuestra Libreta de Recursos Nutritivos. No es obligatorio sacarlo todo al exterior de repente (es una opción, pero no la única), pero mostrar, de cualquier modo, un poquito de lo que sentimos en nuestro interior nos ayudará a abrirnos a los demás y al mundo.

· · · · ·

El vacío que dejas

El dolor de ahora es parte de la felicidad de entonces. Ese es el trato.

La tierra de sombras[2]

El abandono es también una pérdida, pero, como vimos en el capítulo anterior, no todas las pérdidas surgen de una decisión de la persona que se va. El ejemplo más claro es la muerte, tanto de personas significativas como de nuestros animales de compañía (estas últimas incluso pueden ser más importantes cuando nos aportaban el alimento emocional que quizá nos fal-

---

[2] Título de la película en la que aparece esta frase del personaje de C. S. Lewis, interpretado por Anthony Hopkins y dirigida por Richard Attenborough (1993).

taba por otras vías). Sin embargo, podemos experimentar otros muchos tipos de pérdida a lo largo de nuestro camino.

La vida está llena de despedidas, como también lo está de encuentros. Si estas pérdidas ocurren muy pronto, cuando tienen que ver con relaciones que sentimos vitales y no tenemos alrededor un buen colchón emocional, los efectos pueden ser devastadores y acompañarnos durante largo tiempo. Determinados duelos pueden rompernos y, además, sentar las bases para un problema en nuestras relaciones posteriores, porque el fantasma de una nueva pérdida puede impedir que nos vinculemos o hacer que siempre nos aferremos y nos angustiemos con que pueda pasar algo.

Cuando vivimos estas situaciones en la infancia, lo que ocurre alrededor tiene una gran importancia. Si muere uno de los progenitores y el otro se hunde en una depresión, el niño se queda solo. Si alguna de las personas con las que convive enferma durante un tiempo, es posible que el niño no pueda recibir la atención que necesita, de modo que, si luego esa persona fallece, el efecto va más allá del momento específico en que esto ocurre. Cuando hay un divorcio, este suele ser la consecuencia final de años de desavenencias, desencuentros o conflictos abiertos en los que la situación de los progenitores restó atención al niño. Todas estas situaciones producen efectos acumulativos.

Las primeras pérdidas, aunque no fueran de los cuidadores principales, dejan una gran impronta. Si más adelante perdemos a alguien, el cerebro enlazará con esa primera historia, y si no quedó bien resuelta, se irá formando un nudo cada vez más complejo en nuestro interior. ¿Cómo sabremos si asimilamos bien lo que pasó? No es nada obvio. Una persona que grita y llora desesperada cuando muere alguien, que está triste durante un tiempo, que echa de menos durante muchos meses a quien se ha ido, está teniendo una reacción sana ante la pérdida. En cambio, si se comporta como si no le afectara, le quita importancia y sigue con su vida como si nada hubiera pasado, su reacción es preocupante porque no es una respuesta natural.

Si alguien nos importa, no es solo una persona con la que interaccionamos, sino que también ocupa un lugar dentro de nuestro mundo emocional. Quizá cuando estamos mal, hablar con ella nos ayuda o simplemente saber que está ahí nos da seguridad. Aunque tengamos una buena autonomía personal, establecemos lazos con el otro, y esos vínculos tienen mucho que ver con quiénes somos. Cuando esa persona deja de estar físicamente en nuestra vida, muchas cosas deben reorganizarse en nuestro interior, como si nuestra maquinaria tuviera que aprender a funcionar con una pieza menos. Por ello, alrededor de la pérdida, es normal notar una tormenta interna que tardará un tiempo en amainar.

Las pérdidas no se limitan a personas, sino también a contextos. Por ejemplo, cambiamos de colegio, de ciudad, de compañeros de clase, de vecinos. Se reorganizan las familias y perdemos relaciones. Ya de adultos, perdemos trabajos, perdemos capacidades por enfermedades o por el proceso de envejecimiento...

Como decía antes, la vida es un proceso de pérdidas y de encuentros. De la manera en que los gestionemos depende, en buena medida, cómo nos sentimos y cómo vivimos nuestra existencia. Es interesante reflexionar sobre nuestra historia de pérdidas para comprobar si tenemos labores pendientes. Cuando pensemos en la primera pérdida de nuestra andadura vital, quizá notemos claramente dolor. Si pasaron los años, esta sensación dolorosa significa que algo quedó atascado en ese momento. A menudo, nos parece normal y argumentamos que la persona que se fue era muy importante para nosotros, ¿cómo no nos va a doler siempre? Sin embargo, el dolor es un fenómeno pasajero. Sí, ya sé que en ocasiones dura muchísimo tiempo, pero eso es una señal de que algún nudo en nuestro interior no se ha deshecho. Y también quiere decir que, si lo encontramos y lo desanudamos, el dolor se irá.

Superar una pérdida es un proceso de duelo, cuyo camino tenemos que recorrer íntegramente. Si asumimos el dolor como una consecuencia lógica de haber vivido algo significativo que se terminó, estaremos preparados para empezar esta ruta y hallar la salida. La vida duele, ese es el trato, y si nunca nos ha dolido perder nada, es probable que nunca la hayamos disfrutado en toda su profundidad.

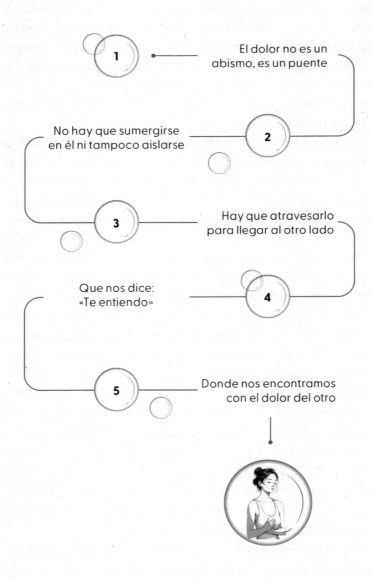

1. El dolor no es un abismo, es un puente
2. No hay que sumergirse en él ni tampoco aislarse
3. Hay que atravesarlo para llegar al otro lado
4. Que nos dice: «Te entiendo»
5. Donde nos encontramos con el dolor del otro

La pérdida puede causar también otros problemas. A veces dolió tanto que no nos quedó más remedio que decir que no importaba, y nos lo repetimos tantas veces para alejar el dolor que acabamos sellando las compuertas de nuestro interior. En algunos momentos, intuimos que el dolor está detrás de esas compuertas, pero nos resistimos (consciente o inconscientemente) a abrirlas porque sentimos que, si dejamos que se vaya, estaremos dejando ir del todo y para siempre a la persona a quien seguimos intentando retener. Para impedirlo, podemos llegar a negar que la pérdida haya ocurrido, diciéndonos directamente que no pasó o que la persona sigue con nosotros. Quizá hablemos con ella como si estuviera viva, mantengamos sus cosas sin tocar, y congelemos el tiempo en los momentos en los que todavía estaba. Puede que sintamos que ese dolor nos recuerda a la persona ausente, y que, si lo dejamos marchar, se irán con él los recuerdos. En ocasiones, si asoma la calma o disfrutamos levemente de algo, no nos sentiremos con derecho a estar bien, pues lo veremos como un bienestar injusto o inmerecido mientras pensamos en lo que le ocurrió a quien queríamos.

Puede incluso que la anestesia sea más fuerte y miremos atrás sin notar que el recuerdo es doloroso. Una pista para saberlo es comprobar cuántos segundos podemos detenernos en esa experiencia: quizá nos demos cuenta de que nuestra mente apenas se para ahí, como si al entrar en esa zona algo nos empujara hacia fuera. A lo mejor, a ratos nos absorbe un detalle, un momento, o nos desborda de repente una emoción que apartamos enseguida. Así, solo tenemos indicios fugaces de que ese recuerdo doloroso no está tan superado como nos parecía. O puede ocurrir que no tengamos ninguno, pues esa etapa quedó tapada por las capas del tiempo que vino después, enterrada bajo muchos «no es para tanto», «hay que seguir adelante» o «son cosas de la vida».

· · · · ·

Hay dos dolores en una pérdida, y podemos notarlos en el momento o con el paso del tiempo. El primero aparece cuando sentimos la ruptura del vínculo que nos unía a la otra persona. El segundo es un dolor repetido, que se presenta cada vez que hacemos algo que antes hacíamos con esa persona, pasamos por lugares que asociamos a ella o vivimos cualquier cosa que nos la recuerda. Ahí es donde notamos la ausencia, la falta, el vacío que nos dejó.

· · · · ·

Entrar sin pelear

No es nada fácil no pelear contra el dolor, estamos programados para evitarlo y es fácil sentir el impulso de negarlo: «no pasó», «no puedo aceptarlo»… Cuando sea inevitable conectar con él, tal vez queramos empujarlo fuera, darle vueltas a «¿cómo puede haber pasado?» o «¡no es justo!». Quizá nos pasemos el tiempo repasando la secuencia de acontecimientos previos, imaginando historias alternativas: «¿y si hubiera hecho?», «¿y si no...?». Puede que estemos enfadados con los que participaron en algún momento, culpándolos de lo que hicieron y de lo que no hicieron. La culpa, vaya hacia dentro o se dirija hacia fuera, complica los duelos y los alarga. **Las lágrimas hay que llorarlas, y nunca salen a través de la culpa ni de la rabia**, pues ambas martillean en la herida, bloquean la tristeza y hacen que se acumule dentro.

La lucha contra el dolor, no solo de las pérdidas, sino de la vida, es una batalla perdida. El dolor está ahí, y por mucha magia que tratemos de invocar para taparlo, nos consumirá por dentro. **La única salida del dolor es mirarlo de frente, aproximarse a él y abrazarlo.** Ese es el momento clave: debemos quedarnos ahí, abrazando el dolor un tiempo que nos parecerá infinito, hasta que se alivie un poco. Una y otra vez debemos volver a ese dolor que asumimos como inapelable, como algo que pasó y no tiene más vuelta de hoja, y abrazarlo tercamente y en contra de nuestro instinto. Lo que necesitamos no es entender los porqués, sino aceptar, sin darle más vueltas, que lo que pasó, pasó, que fue como fue, y que no puede cambiarse. **Debemos curar la herida con suavidad, con cuidado**, sin martillazos, sin escarbar, sin tirarle sal encima. Cuando insistimos en pensar una y otra vez en nuestras experiencias difíciles, y el único resultado es más sufrimiento, es muy probable que estemos haciendo algo de esto. Curar las heridas significa ir a ellas de un modo determinado, poco a poco, con paciencia; así es como realmente dejan de doler.

 ## Aprender a ver

Cuando estamos sumidos en el dolor de una pérdida, la tristeza puede apartarnos de la vida. Nos replegamos en nosotros mismos, haciendo que las demás personas y relaciones que siguen ahí nos parezcan más tenues o nos resulten agotadoras. Nos aferramos al recuerdo de quien ya no está, y dejamos de ver a los que siguen con nosotros. Una persona puede sumirse en una depresión profunda por la pérdida de su pareja, y que esto la ciegue para ver el dolor de sus hijos. Lo mismo puede pasar cuando un progenitor pierde a un niño y se sume en un duelo inconsolable. Un divorcio puede hacer que alguna de las personas que se separan sea incapaz de retomar la vida y establecer nuevos vínculos. Este aislamiento es comprensible, no resulta problemático si es una etapa pasajera, pero si nos quedamos en él, complicará mucho la evolución del proceso de duelo.

Una pérdida es la ruptura de una conexión y, por tanto, solo puede repararse a través de otras conexiones. Pero, para agarrarnos a una mano diferente, debemos dejar de aferrarnos al que se fue y permitir que todo siga su evolución natural. Ver a las personas que continúan cerca de nosotros puede aumentar el malestar al principio, si nos preguntamos «¿por qué este sí y aquel no?», pero si no nos apartarnos por completo de los demás, empezará a aliviarse lo que nos duele. Además, cuando hablamos de nuestro dolor, los demás pueden resonar con él, porque ¿quién no ha perdido algo o a alguien en su vida? Como comentaba antes, **nada alivia más que dejar que abracen nuestro dolor**, sobre todo cuando dejamos de dar vueltas a lo ocurrido y nos permitirnos reposar en ese abrazo.

 ## Ayudar a crecer

Recordemos algo muy importante respecto a las pérdidas: no podemos perder del todo a alguien. **Una persona que fue importante para nosotros se quedará en nuestro interior para siempre**, pero es fundamental no intentar retenerla como si siguiera físicamente a nuestro lado. Tiene que pasar a ocupar un lugar simbólico, a ser un recurso al que podemos acudir siempre que lo necesitemos. Para lograrlo, es esencial dejar de pensar en que va a reaparecer de un momento a otro, no hablar con ella como si siguiera ahí y asumir al cien por ciento que jamás volverá de la misma manera. **Asumir que no va a estar más es el único modo de que siga estando.** A menudo, sabemos que lo que perdimos se fue sin remedio, pero en el fondo, en lo más profundo, nos negamos a aceptarlo. Esta es una trampa frecuente. Muchas de las preguntas sobre si se pudo haber evitado, la búsqueda de culpables o el enfado nos hacen sobrevolar lo que supondría decir «pasó, y ya no hay nada que pueda hacerse». Es necesario no darle más vueltas a lo inmodificable, para que puedan crecer cosas nuevas desde lo que sentimos y vivimos con esa persona.

Cuando dejamos ir el dolor, podemos acceder fácilmente a los buenos recuerdos y saborear los remanentes que dejaron. Si esa persona estuvo orgullosa de nuestros logros, pensaremos en ella cuando nos enfrentemos a un fracaso y lo endulzará. Si nos quiso mucho, ese cariño nos seguirá sosteniendo cuando estemos solos, porque habrá recargado nuestra batería de seguridad, si estuvo en nuestra infancia. Lo que nos decía cuando éramos niños, que nos hacía sentir entendidos y apoyados, nos habrá enseñado a decirnos algo parecido ante las dificultades. **Las relaciones significativas son raíces que nos sujetan con firmeza cuando sopla la tormenta: siempre estarán ahí, porque forman parte de nosotros.**

Aunque navega entre el dolor que aún queda de la pérdida, hay un fragmento de la canción «Someone you loved», del cantante y compositor escocés Lewis Capaldi, que refleja muy bien cómo el recuerdo de alguien que fue importante puede abrazarnos en los momentos difíciles, diciendo algo así como que, cuando duele, podemos cerrar los ojos, imaginar que nos dejamos caer en los brazos de esa persona, y sentirnos a salvo en su sonido. La persona no está, pero lo que nos hizo sentir es parte de nuestros recuerdos. Eso sí, para llegar hasta aquí, el dolor tiene que haberse ido del todo.

• • • • •

Si al leer este capítulo sentimos que algo nos ha tocado emocionalmente, abracémonos el tiempo que necesitemos. Si nos apetece llorar, hagámoslo, no tiene sentido meter las lágrimas para dentro. Hablemos con alguien, compartámoslo, dejémonos abrazar. Al menos, salgamos un rato y paseemos por un lugar agradable, vayamos a escuchar el mar o a mirar los árboles, y dejemos que esas sensaciones diluyan poco a poco las que nos han surgido. Está bien que nos sintamos así, significa que hemos abrazado un poco nuestro dolor.

Y si tenemos ánimo, escribamos en nuestra Libreta de Recursos Nutritivos qué pequeños tesoros guardamos de esa persona que ya no está, qué sigue en nosotros para siempre de lo que vivimos con ella. El dolor va aparte: sintámoslo, llorémoslo, pero no lo escribamos en nuestra libreta, porque no nutre. El único dolor que puede nutrirnos es el compartido.

Parte 2
SALIR A LA LUZ DEL DÍA

Salí de donde estaba oscuro

*Vengo de un lugar
donde cuidado significa daño,
donde hay que buscar protección en el fuego,
donde la seguridad está hecha de espinas,
donde necesitar duele,
donde si alguien se acerca, lo que sientes es miedo.*

Cuando vivimos situaciones de maltrato o abuso en nuestra familia siendo niños, es raro que sean hechos aislados. Si uno de los progenitores abusa verbalmente de sus hijos, probablemente ocurrirá más de una vez. Cuando maltrata físicamente, también dirá cosas hirientes y habrá momentos en los que no atienda al niño y lo deje a merced de su sufrimiento. El rechazo y la hostilidad pueden coexistir con dosis variables de negligencia. Cuando ocurre un abuso sexual en una familia (por desgracia, algo más frecuente de lo que se piensa), en ella pasan más cosas.

De hecho, en las familias más desorganizadas y maltratantes, el niño que sufre algún tipo de abuso no suele comunicarlo a nadie. En ocasiones, esto se debe a que la persona abusadora amenaza al niño con represalias, pero es más frecuente que este no cuente nada porque tiene la intuición de que no será escuchado, entendido o creído. Otras veces, el otro cuidador, el que no hiere con palabras ni con actos, está tan dañado que el niño se preocupará más por no aumentar el sufrimiento de ese adulto que por lo que le ocurre a él mismo.

En estos escenarios, el abandono y la ausencia son aún más dolorosos y complejos. Cuando nos pasan cosas muy duras, necesitamos más que nunca que haya alguien ahí. Y cuando no es así, esa ausencia duele más que el dolor. Y además, el dolor está rodeado de miedo. No voy a trivializar los problemas derivados de infancias de este tipo, son graves y muy complejos de resolver. Pero cabe decir que tienen solución, y lo sé porque he visto a muchas personas recorrer este camino. El mayor daño que nos pueden hacer estas experiencias es que se instale en nosotros la creencia de que no hay salida alguna.

El efecto de estas situaciones no depende únicamente de lo vivido, aunque, por supuesto, es un elemento nuclear. Hay otras dos cosas que son fundamentales para recuperarnos.

En primer lugar, imaginemos un lugar terrible, del que conviene salir como sea y cuanto antes, donde hay varias puertas. Es necesario escoger una de ellas, sin tener idea de lo que hay detrás o sin saber siquiera si llevan a algún sitio. Algunas personas, al tratar de escapar a la desesperada, se encuentran en callejones sin salida. Son ejemplos de ello la construcción de mundos de fantasía, los diversos sistemas de autoanestesia que eliminan el dolor, pero nos dejan sin claves para vivir, y los infinitos mecanismos que usamos los humanos para evitar las emociones dolorosas o negar la realidad. Muchos problemas de salud mental fueron, en su momento, **intentos de solución** que se nos fueron de las manos o se volvieron automáticos y permanentes. Así que no solo depende de la casa, sino de la puerta por la que intentamos salir de ella.

En segundo lugar, si tratamos de salir de ese lugar inhabitable, es totalmente distinto tener que hacerlo sin referencias que **encontrar a alguien** que nos dé una indicación, ver cómo otro intentó una salida falsa y le fue mal, o cruzarnos con una persona que conoce la puerta correcta. Cuando estamos en un lugar inhóspito, encontrar una mirada amiga, establecer alianzas y sentir conexión puede cambiar completamente el significado de las experiencias. Incluso aunque estas hayan sido escasas y breves, son como agua y comida en el desierto o un instante de normalidad en medio de una guerra. Son vitales.

Rescatar a los que sí estuvieron ahí

Empezamos este libro rescatando momentos de gratitud, y por ello es importante que nos detengamos a la mitad de este capítulo para hacer memoria. ¿Qué o a quién rescataríamos al rememorar nuestros momentos más difíciles? Aunque no pudiéramos contar con nadie de modo incondicional, ¿hubo personas que nos tendieron su mano o dijeron una palabra que nos ayudó de algún modo? ¿Quién nos miró cuando más necesitábamos una mirada? ¿Con quién sentimos una conexión? Puede tratarse de personas o de animales domésticos, que en ocasiones nos aportan lo que los seres humanos no pudieron.

Escribamos unas líneas sobre esas figuras en nuestra Libreta de Recursos Nutritivos. Dediquemos unos momentos a observar qué significaron para nosotros. Si nos cuesta encontrar a alguien, pensemos en todas las personas con las que compartimos estas dificultades. En los grupos, veo cómo el sentir que no estamos solos en nuestra situación aporta una conexión positiva y reconfortante. Quizá otra persona, en otro lugar, está leyendo este párrafo en este mismo momento y resuena en la misma frecuencia que nosotros. Si esta sensación nos ayuda, apuntémosla.

Pero si aun así nos cuesta, repasemos pausadamente durante unos minutos todo lo que hemos escrito hasta ahora. Recordemos: nuestra **Libreta de Recursos Nutritivos** es un lugar al que acudir cuando necesitamos calor, energía o calma para seguir avanzando.

• • • • •

Entrar sin pelear

Acceder a historias con alta carga traumática suele ser complejo. El miedo rodea los recuerdos y hace que los sintamos inmanejables. Esa es la razón de que los apartemos para que no nos resulte imposible dormir, hacer nuestra vida o movernos entre la gente. Unas veces, esos recuerdos negativos dejan de estar accesibles y es como si no hubieran ocurrido. Otras, las memorias salen de su escondite para atacarnos por la noche o reaparecen cuando cualquier cosa abre la tapa del baúl interior en que se esconden, lo que nos lleva a intentar cerrarla de nuevo con todas nuestras fuerzas.

El cerebro pone en marcha mil maneras de protegernos de los recuerdos y de las emociones que llevan consigo. Muchos de estos procesos son automáticos y apenas nos damos cuenta de que están ocurriendo. Por ejemplo, las emociones pueden empujarse hacia abajo antes casi de que asomen, así que realmente nos parece que el tema no nos importa. O quizá nos da miedo entrar en contacto con algunas memorias, así que lo solucionamos diciéndonos que no vale la pena remover el pasado. Cuando no logramos mantener los recuerdos totalmente sumergidos y finalmente resurgen las sensaciones difíciles, ponemos diques y establecemos mecanismos de contención. Estos pueden ser pensamientos («no tengo por qué ponerme así»), actividades que no nos dejen sentir (por ejemplo, trabajar hasta caer rendidos) o, cuando ya no conocemos otra manera, medicamentos o drogas.

Si las emociones se vuelven desbordantes, el cerebro recurre a mecanismos de **disociación.** Ante una sobrecarga, nos distanciamos de lo que sentimos, de nosotros mismos y de nuestro entorno. Este mecanismo se llama **despersonalización**, y es como si saltaran los fusibles para evitar que nuestro cerebro se funda. Si hay algún material especialmente inasumible (recuerdos, sensaciones, pensamientos), podemos meterlo en un cajón que intentaremos mantener cerrado a toda costa. Así, iremos creando **compartimentos estancos** para poder seguir funcionando *como si* estuviéramos bien y nada hubiera pasado.

El abandono en sí da lugar a sensaciones suficientemente abrumadoras como para generar por sí solas estas reacciones disociativas. Si además se producen en medio de un contexto altamente traumático, las posibilidades de que el cerebro se vea sobrepasado aumentan. Sería como si el agujero negro nos absorbiera con fuerza mientras todo a lo que podemos agarrarnos a su alrededor tuviera espinas. Si nos aproximamos, sentimos que no podremos hacer nada. Además, el daño acumulativo que acarreamos configura nuestro cerebro en modo supervivencia, pero eso de nada sirve con los abismos, así que la única protección que nuestro sistema nervioso puede aportarnos es la desconexión.

Conectar con estas sensaciones sin pelear es muy difícil, porque, además, como ya se ha comentado, una gran parte de esta lucha es instintiva, automática y poco consciente. La solución pasa por hacerla reflexiva, no automática y consciente. Entender nuestros mecanismos, reflexionar sobre ellos y, con mucha paciencia, introducir cambios es la vía para variar nuestra manera de funcionar. Es un camino largo, y necesitaremos ayuda, porque es difícil vernos a nosotros mismos cuando nos miramos con lentes empañados, rayados y oscurecidos.

· · · · ·

Si pensar en nuestros recuerdos nos cuesta, ayudémonos con este ejercicio. No pensemos en los recuerdos, solo en la posibilidad de hacerlo algún día. ¿Cuánto malestar nos genera esta posibilidad? Midámoslo de 0 (nada) a 10 (lo máximo) y observemos dónde lo notamos en el cuerpo. Ahora, llevemos nuestra atención a algo que nos apetezca hacer, un lugar que nos dé buenas sensaciones o una persona con la que estemos muy a gusto. Pensemos en detalles de esa situación o relación positiva, ¿qué nos hace sentir bien? Esta sensación, ¿dónde la notamos en el cuerpo? Vayamos a otro elemento positivo y observemos la sensación. Aunque estemos notando sensaciones de todo tipo, fijémonos durante un tiempo en las más agradables. ¿Cómo nos sentimos ahora?

Volvamos por un instante a pensar, muy de lejos, en la posibilidad de rememorar nuestras historias difíciles algún día. ¿Cuánta intensidad tiene el malestar ahora? (midámosla de 0 a 10). ¿Dónde lo notamos en el cuerpo? Solo notémoslo, sin detenernos mucho, y de nuevo, vayamos a elementos positivos. Recordemos los que hemos ido trayendo a medida que leíamos este libro, esas personas a las que tenemos algo que agradecerles, que aportaron algo a nuestra vida. Observemos qué sensación percibimos cuando pensamos en ellas. Pongamos nuestra atención en esas sensaciones, no en otras que puedan estar por ahí. Con la ayuda de nuestra libreta, sigamos la ruta de los recursos nutritivos.

Si practicamos este ejercicio de vez en cuando, aprenderemos a conectar sin sumergirnos, a equilibrar el contacto a las emociones difíciles con la atención a las sensaciones positivas. Se trata de ir y volver, sin que nos arrastre lo uno o lo otro, porque exploramos de un modo consciente y voluntario. Decidir mirar es distinto a que la imagen venga sola. Poder contemplar desde lejos es muy distinto de sumergirnos o de mirar hacia otro lado. Si nos cuesta hacer este ejercicio, dejémoslo para otro día, pero volvamos a probar en una nueva ocasión. Y si hemos decidido dejarlo aquí por hoy, demos un paseo por un lugar agradable o tengamos un detalle con nosotros mismos; nos lo merecemos.

• • • • •

Aprender a ver

Cuando vivimos situaciones inasumibles, como el dolor que procede del refugio donde esperábamos recibir cuidado, el daño que viene del lugar en donde tendríamos que encontrar protección o la traición de uno de los nuestros, de aquellos que creíamos que estaban de nuestro lado y en los que habíamos depositado nuestra confianza, es natural que nos rompamos. Incapaces de establecer ya ninguna predicción coherente sobre cómo funciona el mundo, nuestros sistemas mentales se desorganizan. Pero el cerebro humano tiene una imperiosa necesidad de buscar coincidencias y elaborar mapas que den sentido a la experiencia. ¿Qué hacer entonces cuando la contradicción, el sinsentido o la ambivalencia son el aire que respiramos? La coherencia se buscará en convicciones e ideas fijas (no necesariamente verdaderas) que nos esforzaremos por mantener inmodificadas. Por ejemplo, sentir que no merecemos nada mejor hace que cualquier experiencia tenga sentido: basta con decirte «todo fue culpa mía». Un culpable externo también nos vale, aunque nos condene a una visión simplista del mundo: hay un malo que hace las cosas por pura crueldad gratuita, y el resto son víctimas indefensas de ese mal, seres bondadosos y vulnerables que necesitan ser rescatados. Estas ideas fijas se vuelven asideros, y se generará un filtro mental que retendrá únicamente la parte de la realidad que confirma nuestras creencias, mientras descarta o ignora aquellos aspectos que añadirían matices al cuadro que estamos dibujando.

Así, si uno de nuestros progenitores maltrató al otro, pensar que el maltratante quizá sufrió traumas nos indignará y nos diremos «simplemente era malo, eso no lo justifica». Es verdad, no lo justifica, pero entender no es justificar. Ver a esa persona que hizo tanto daño como un ser humano con toda su complejidad nos ayuda, por ejemplo, a darnos cuenta de que el problema no radicaba en que nosotros fuéramos malos niños o hijos defectuosos, sino en que ese adulto estaba desajustado emocionalmente.

Del mismo modo, si funcionamos con esquemas polarizados tipo bueno/malo, pensar que el progenitor maltratado también actuó mal en ciertas cosas, que podría no habernos protegido o estar tan afectado que no estuvo emocionalmente, nos parecerá inaceptable y nos diremos «no puedo pensar eso, era una buenísima persona». Sin embargo, separar lo que nos pudo dañar en esa relación de la persona en sí nos ayudará a entendernos mejor y a resolver nuestras dificultades, no estaremos vulnerando ninguna lealtad inquebrantable. Identificar el maltrato como lo que es, una conducta dañina, no nos obliga a ver la historia en estereotipos y sin matices, pero, a menudo, lo hacemos así porque, al venir del caos, necesitamos certezas absolutas a las que aferrarnos.

Veamos una de las formas en las que a veces se ordena el caos. El psiquiatra y psicoterapeuta estadounidense Stephen Karpman definió un «triángulo dramático», que sería como el triángulo de las Bermudas del trauma. Este conjunto reúne los tres papeles prototípicos entre los que podemos oscilar cuando nuestra mente se desarrolló en un contexto dañino: rescatador, perseguidor y víctima. Normalmente estos tres papeles son rígidos pero inestables, de modo que pasamos de uno a otro, muchas veces sin darnos cuenta, porque solemos identificarnos más con uno de ellos. La miniserie de televisión británica *Bebé reno*, como veremos más adelante, ilustra muy bien lo que se explica a continuación.

Rescatador

Desde esta posición, nos preocupamos por todo el mundo y pretendemos rescatar a todos, incluso de ellos mismos. Es muy posible que nos sintamos identificados con este lado del triángulo, porque al cuidar a otros nos sentimos buenas personas. Eso pasa a ser lo que nos define: valemos porque ayudamos. Cuidar a los demás está bien, pero se convierte en un problema cuando acabamos siendo «cuidadores compulsivos», incluso de aquellos que no esperan o desean que los ayudemos, y necesitamos funcionar así para sentir que tenemos control en las relaciones. Seremos «solucionadores de problemas», pero siempre de los de los demás. No nos ocuparemos apenas de los nuestros, ni por supuesto pediremos ayuda a nadie. Y si algún día no nos queda otra que ser los ayudados o cuidados, lo llevaremos fatal.

También podemos ser «luchadores contra las injusticias», y no toleraremos ninguna que nos pase por delante. Quizá defendamos con pasión una causa o ideología, poniendo en ello gran parte de nuestra energía. Puede que «adoptemos» a personas con muchas dificultades, y que asumamos la responsabilidad que ellas no ejercen, cargando con el peso de cambiar o solucionar su situación. El precio de este papel es la sobrecarga.

Perseguidor

Pasar de rescatador a perseguidor resulta fácil, pero no es tan sencillo identificarlo. Cuando nos vemos en el papel de perseguidor, reconocernos en él significa asumir que estamos siendo todo lo contrario de lo que querríamos ser. Por ello, nos lo contamos de otra manera. Sentimos indignación porque aquellos a quienes cuidamos no nos lo agradecen o reconocen, y nos llenamos de rabia y rencor internamente, imaginando maneras en que la vida les dará una lección. Nuestras fantasías serán bastante hostiles, pero, al definirnos como cuidadores, nos repetimos «no cuido para que me lo agradezcan» como un mantra para neutralizarlas. Vemos la hostilidad que sentimos como la consecuencia natural de nuestra justa indignación por la actitud del otro.

Lo mismo ocurre cuando la persona a la que tratamos de proteger de sí misma o de otros no actúa de modo coherente o se molesta por nuestra insistencia, pretendiendo tomar sus propias decisiones, aunque sean equivocadas. «¿Cómo es posible que me trate así, con lo que yo hice por esta persona?», nos diremos.

Desde nuestra postura luchadora contra las injusticias, en nombre de la indignación moral que sentimos, trataremos a los demás con insultos, descalificaciones y humillaciones, y los ningunearemos cuando traten de expresar su postura. Sin embargo, todo esto lo consideraremos más que legítimo, púes vemos nuestra causa como noble y justificada por la conducta del otro. Si queremos ver ejemplos, basta con pasar cinco minutos en X (la red social antes llamada Twitter) para entender a qué me refiero. Cuando ocupamos el papel de perseguidor, podemos llegar a buscar activamente razones para sentirnos agraviados, provocando a la otra persona para arrastrarla al límite, y utilizando luego su respuesta (inadecuada, claro, porque la llevamos a un callejón sin salida) como argumento en su contra. Como digo, esto no nos lo contamos así; en nuestra versión, siempre somos los «buenos» contra los «malos».

Incluso las personas que se hacen las valientes, o que se autodefinen como tiburones o dominantes, no suelen decirse internamente «soy el malo de la historia». Las personas que maltratan o abusan se dan argumentos internos con otras narrativas, se cuentan la película a su manera y funcionan desde ahí. Cuando esta posición viene de experiencias de daño, les costará reconocer su lado vulnerable, pero en ocasiones se describirán como víctimas de un trato injusto debido a la envidia, la estupidez o los motivos perversos de los demás.

Víctima

Cuando actuamos desde el papel de perseguidor (consciente o no) y el otro reacciona de modo defensivo, poniéndose hostil o descalificador, pasamos fácilmente a sentirnos víctimas tratadas de manera injusta. Nuestra contribución a lo ocurrido nos pasará desapercibida. Además, esa actitud nos removerá probablemente sensaciones antiguas, en las que sí fuimos tratados mal injustamente y cuyo dolor aún sigue ahí. Por ejemplo, si nos gritaron y descalificaron en casa cuando éramos niños, una conducta similar nos enlazará rápidamente con aquellas experiencias en nuestra vida adulta. Esto no es necesariamente consciente, pero hará que nuestra reacción sea muchísimo más potente. Dado que las primeras experiencias fueron infantiles, y un niño no tiene cómo protegerse de modo efectivo de los adultos, junto al dolor vendrá la impotencia o la indefensión y nos diremos «no puedo hacer nada». Estas sensaciones nos colocarán en el papel de víctimas indefensas, desprotegidas, vulnerables. Unas víctimas cuya única posibilidad de cambio es que cambien los demás. Si alguien nos sugiere que cambiemos nosotros alguna cosa para dejar de ser víctimas, como «¿por qué no haces algo?» o «¿por qué no le dices un par de cosas?», nos sentiremos nuevamente incomprendidos y atacados, y responderemos defensivamente «¿por qué me dice que cambie si son los demás los que actúan mal?» o «no me entiende, no entiende nada».

La impotencia también mueve el sistema hacia la oscilación, porque nos hace sentir que «debemos hacer algo», y nos lleva al papel de luchador contra las injusticias y, desde ahí, a derrapar hacia el de perseguidor. Es cierto que tenemos que protegernos y poner límites ante las conductas inadecuadas de los demás, pero no hay que confundir «poner límites» con «ponernos impertinentes».

Lo que ocurre fuera también puede llevarnos a cambiar de papel, porque el modo de actuar de la otra persona desencadenará una respuesta diferente en cada caso. Así, podemos sentirnos víctimas con nuestra madre, que siempre nos ha descalificado y nos hace sentir insuficientes; ser cuidadores de nuestra hermana, que sufre las consecuencias de sus irresponsabilidades; y perseguir con saña en redes sociales a los que no comparten nuestras ideas sobre el trato a los animales, la nutrición, la política, la ecología o cualquier otro tema. Con la misma persona, en distintos momentos, podemos también pasar de un papel a otro.

Como decía al principio, este triángulo dramático se puede comparar al de las Bermudas, porque es inestable y, si caemos en él, no importa desde qué lado, quedaremos atrapados en el campo de fuerza del trauma.

• • • • •

Rescatador
Me siento mejor cuidando a otros, aunque no haga lo mismo conmigo o esté agotado. Tengo que ocuparme de que todo el mundo esté bien y de solucionar las injusticias

Víctima
Me siento maltratado cuando reaccionan mal a lo que hago, solo veo las actitudes dañinas del otro. Me centro en lo que los demás deben cambiar; yo no puedo hacer nada, es injusto que me lo pidan

Perseguidor
Me indigno cuando no aprecian mis esfuerzos o alguien hace algo que yo creo que está mal. Por eso me siento moralmente legitimado para atacar o descalificar

Bebé reno, escrita, dirigida y protagonizada por Richard Gadd, describe muy bien estas oscilaciones. Para los que no hayan visto esta serie, estrenada en 2024, trata de una tormentosa relación entre Donny, un cómico en apuros que trabaja de mesero, y Martha, a la que conoce en la cafetería. Donny trata de cuidar a Martha, una mujer vulnerable con problemas de salud mental, pero luego debe protegerse de ella porque desarrolla una obsesión enfermiza que amenaza con destrozar la vida de ambos. En una de las escenas, mientras toman algo en la cafetería, Donny adopta el papel de rescatador (le da pena la pobre Martha) y ella, el de víctima necesitada de ayuda (con aspecto de niña desamparada). Martha empieza a preguntarle por su vida personal y, a partir de ahí, sus papeles se trastocan.

Martha le pregunta a qué se dedica, «¿cómico?», le dice. «Algo así», le responde Donny. Martha va un poco más hacia lo personal, intuyendo que Donny no está teniendo mucho éxito en esta actividad, a lo que éste responde evasivo. Martha insiste, agarrándole la mano con fuerza y preguntándole si alguien le hizo daño. Donny se le queda mirando, conectando con su propio dolor, y con el estado de víctima a través de la mirada de Martha, que puede ver el dolor de él, pues resuena con el que ella siente en su propio interior.

Él se queda descolocado, y ella insiste más, quiere saber quién le hizo daño, se mete cada vez más en el papel de rescatadora. Donny reacciona más evasivo, le pide que lo suelte, pero esto solo incrementa la actitud de Martha, que insiste en preguntar. Esto lleva a un giro de posición en Donny, que empieza a mostrarse irritado y acaba gritándole que lo suelte. Martha le aprieta la mano todavía más fuerte, y esto activa de forma potente en Donny el papel de perseguidor: se muestra claramente agresivo. Esta reacción genera un nuevo giro en la posición de Martha, que se muestra furiosa, activándose en ella de modo muy potente el papel de perseguidora. Donny, asustado, vuelve inmediatamente al papel de víctima.

Los papeles de ambos cambian una vez más, pues la escena termina con Donny sintiendo de nuevo pena por Martha, a la que ve descolocada por lo que hizo.

En esta escena, ninguno de los dos personajes toma perspectiva respecto a lo que ocurre: ambos están atrapados en este triángulo inestable. Ser capaces de vernos y reconocernos en cada una de estas posiciones es empezar a salir desde arriba, adquiriendo conciencia. Así lograremos que nuestras respuestas sean menos automáticas: notaremos el impulso, pero no lo seguiremos; nos veremos pensando cosas, pero no derraparemos por ahí. Diferenciar entre lo de atrás (el pasado) y lo de ahora (el presente) también ayuda: un adulto siempre tiene más autonomía y poder de decisión que un niño, y recordarnos nuestros recursos y nuestras opciones, por mínimos que sean, reduce la sensación de impotencia que quizá arrastramos desde pequeños.

Mientras estamos en el triángulo del trauma, no podemos resolver el dolor. Repetimos una y otra vez los papeles de una vieja obra de teatro, pero no conseguimos darle otro final. Como hemos visto, es esencial conectar con ese dolor y abrazarlo, sabiendo que será reparado. Y de entre todos nuestros dolores por cuidar, el del abandono es quizá el más importante. Hacerlo fuera del triángulo significa no buscar la venganza (perseguidor), no volcarnos en la necesidad de otros (rescatador) y no anclarnos en la sensación de indefensión y de daño irreparable (víctima). Debemos hacerlo desde otro lugar, y aunque pueda resultar extraño, y probablemente difícil, **la verdadera solución es la ternura.**

 ## Ayudar a crecer

Cuando hay mucha contradicción y caos en nuestro interior, el primer paso es poner las piezas del rompecabezas encima de la mesa. Posiblemente las experiencias de abandono estén mezcladas con muchas cosas, tanto en los recuerdos como en la vida cotidiana. Por ejemplo, el miedo al abandono nos hace aferrarnos a las relaciones, y las experiencias de daño nos instalan en la desconfianza y el temor a que nos vuelvan a dañar, así que necesitamos y tememos a la vez. Nos volcamos en cada persona que conocemos, le abrimos nuestro corazón, y automáticamente nos retraemos en nuestra concha en cuanto el otro se aproxima o llegamos a cierto nivel de intimidad. Somos una contradicción con patas, lo cual no es extraño cuando se ha respirado caos. Necesitaremos entender cada tendencia contradictoria como algo que tiene sentido, que tiene raíces en algunos aspectos de nuestra historia, que seguramente tendrá cosas que reparar. Lo primero que debe crecer es una visión global, amplia, donde tengan cabida todos estos elementos hasta dibujar un cuadro realista de nuestra historia y de quienes somos. Sí, claro, es un rompecabezas de muchas piezas, de esos a los que hay que dedicarles cierto tiempo.

Tocará luego reparar las heridas, y para ello es importante comprobar antes si no estaremos escarbando en ellas. Esto es más frecuente de lo que parece, porque, cuando recibimos cuidados inadecuados, frecuentemente no nos cuidamos de manera amable. Es fácil que nos machaquemos internamente y, al recordar el daño sufrido, nos recriminemos por haberlo permitido, incluso ante la evidencia de que éramos niños y nada podíamos hacer entonces frente a nuestras circunstancias. Para cambiarlo, debemos ponernos una camiseta con esta frase: «Hice lo que pude con lo que sabía entonces». Necesitaremos quitar contaminantes de esas heridas, como la culpa que pertenecía a los adultos y la vergüenza que hubieran tenido que sentir otros. Será bueno ir saliendo del rencor que debilita nuestro sistema inmunitario, limar las espinas, bajar los escudos, conectando con nuestro lado vulnerable. Sí, ya sé que todo esto es difícil, tampoco lo intentemos todo a la vez. ¿Podemos dar algún pequeño paso en esa dirección? Es más que suficiente.

Y entonces, estaremos ya preparados para **sembrar en los huecos del abandono**. Podremos mirar nuestras necesidades no cubiertas y aprender a ver dónde están y cómo acceder a ellas. Al principio nos asaltarán creencias muy arraigadas y nacidas de la experiencia previa, como que eso es imposible para nosotros, que no lo merecemos, pero entendámoslas como lo que son, ecos del pasado, e intentemos sembrar para que pueda ir creciendo algo nuevo.

. . . . .

Dejemos que el niño abandonado que sigue dentro de nosotros pueda ver, a través de nuestros ojos adultos, que en este mundo de ahora sí puede tener lo que necesita, poco a poco, aquí y allá. Pero hagámoslo conectados con el adulto que somos, sin que este se borre de la ecuación, como si le enseñara a ese niño que hay pequeñas cosas que, poco a poco, pueden llenar los vacíos.

El adulto que somos debe estar ahí para que no olvidemos que las cosas no son blancas o negras, que podemos establecer vínculos incluso con personas complejas e imperfectas. Hay muchas personas que pueden aportarnos un poquito, aunque ninguna pueda darnos «todo lo que nos faltó, en estado puro, al mil por ciento», como nos pide el ansia ciega que nos habita desde los inicios.

Si no nos sentimos con fuerzas para hacer este trabajo, busquemos un ayudante, una persona a quien valoremos por su capacidad para la ternura y también para ver la realidad con sentido común. O incluso podemos imaginarnos que un personaje de película o de novela nos ayuda, basta con que nos sirva como modelo.

. . . . .

Lo que necesitamos estará ahí a veces, poco a poco, pero estará, y es importante aprender a verlo y aprender a asimilarlo. Esto irá llenando el vacío hasta cubrirlo y cambiar nuestra sensación interna hacia la **seguridad**. Todo lo que encontremos, apuntémoslo en nuestra Libreta de Recursos Nutritivos. Las miguitas son muy importantes en este sentido.

La ruta de salida tras una infancia difícil

La verdadera salida para superar el dolor del pasado es atravesarlo, como cuando pasamos de un nivel a otro en un videojuego. No podemos ir directamente al nivel más avanzado, no podemos decir simplemente «ya estoy bien, esto ya pasó, voy a seguir con mi vida». Bueno, sí podemos decirlo, pero no suele funcionar de una manera muy sólida. Tampoco resulta efectivo avanzar hacia adelante sin más, porque en realidad cargamos en la espalda el gran peso de ese dolor que no queremos ver. Debemos avanzar nivel a nivel, para consolidar cada logro, y también para que no duela tanto. En algunos niveles podemos atascarnos más tiempo, o quizá tengamos que regresar a la casilla de salida, pero si retomamos la ruta cuantas veces sea necesario, si trabajamos en cada nivel hasta que lo manejemos con soltura antes de pasar al siguiente, podremos llegar adonde necesitamos.

Es importante aceptar que lo que pasó no tiene vuelta de hoja, no podemos escribir la historia. Aquí hay un punto frecuente de atasco. Podemos vernos en la paradoja de tener que aceptar algo inaceptable, porque el pasado no puede cambiarse, pero a la vez pueden habernos ocurrido cosas que no podemos dar por buenas. Imaginemos que en nuestra infancia tuvimos una experiencia negativa. Aceptar que pasó no implica pensar que fue positiva, ni creer que hay razones que justifiquen un maltrato hacia un niño. Sin embargo, sí podemos encontrar factores que influyen en por qué ocurren tales cosas. Es importante en este punto aclarar algunos conceptos.

Aceptar, entender, justificar, tolerar y perdonar son acciones diferentes

- **Aceptar** que las cosas fueron como fueron es esencial. Mientras no dispongamos de la máquina del tiempo, no nos queda otra que asumir que no podemos cambiar el pasado. Lo mismo ocurre con un problema: si no aceptamos que existe, mal vamos a poder afrontarlo.

- **Entender** es siempre interesante. Si nos preguntamos «¿por qué mis padres hicieron las cosas como las hicieron?» con curiosidad, sin hacerlo desde el enfado, dejando los juicios para otro momento, algunas cosas que creíamos sin sentido podrían llegar a tenerlo. Por ejemplo, si sé que mi progenitor fue maltratado de pequeño, algunas de sus reacciones desproporcionadas pueden resultar comprensibles (aunque, como veremos, esto no las justifique).

- **Justificar** (o disculpar) significa que consideramos que hay razones para pensar que una conducta es la consecuencia inevitable de algo. Así, a la persona le quitamos la responsabilidad sobre lo que hace, dado que entendemos que no podía haber sido de otro modo. Pero hacer esto puede ser problemático: colocar la responsabilidad en su sitio es muy importante, porque, de lo contrario, podemos acabar sintiéndonos culpables de lo que otros nos hicieron. No se trata de juzgar, de decidir quién es culpable y quién es inocente, sino de entender, pero entender no nos obliga a justificar.

- **Tolerar** el daño es un problema, pues a veces lo confundimos con aceptarlo. Aceptar que hemos vivido o vivimos una situación dañina para nosotros abre la puerta a que le pongamos remedio. En cambio, hacer como que no está pasando o no importa suele llevar a que la suframos (toleremos) mucho más tiempo. Algunas personas son demasiado «tolerantes» porque siempre ponen por delante a los demás (aguantan por lo que llaman bondad, paciencia o compasión) o, simplemente, soportan cosas que no les hacen bien porque creen que es su deber o no les queda otra. Sin duda, hacer esto es perjudicial, aunque la solución no está en ser intolerantes hasta con la más mínima cosa. La cuestión es preguntarnos si estamos en un punto saludable entre esos dos extremos.

- **Perdonar** no es una consecuencia obligatoria de aceptar y entender. Podemos aceptar que las cosas fueron así y entender en parte qué llevó a nuestra familia a funcionar como lo hizo. Esto nos ayudará a que esa experiencia duela menos y deje de marcarnos negativamente. Pero, para lograrlo, no es obligatorio pasar por el perdón. **El perdón es una opción y una decisión de quien perdona**, nunca debe ser algo que hagamos porque el otro lo necesita, porque nos convenzan de que si perdonamos, nos sentiremos mejor, o cosas así. Además, perdonar no significa que desde ese momento tengamos que volver a relacionarnos con los otros como si nada hubiera sucedido. Podemos perdonar a una persona, pero no tener relación con ella porque nos daña, o hacerlo con unos mínimos que nosotros establecemos. Por ejemplo, podemos ver a nuestros padres una vez al mes en lugar de todos los fines de semana, si sentimos que hacerlo con mayor frecuencia nos hace daño. Lo importante, hagamos lo que hagamos, es que sintamos que **la decisión nos pertenece**.

El perdón que es imprescindible para avanzar no es hacia los demás, sino hacia nosotros mismos.

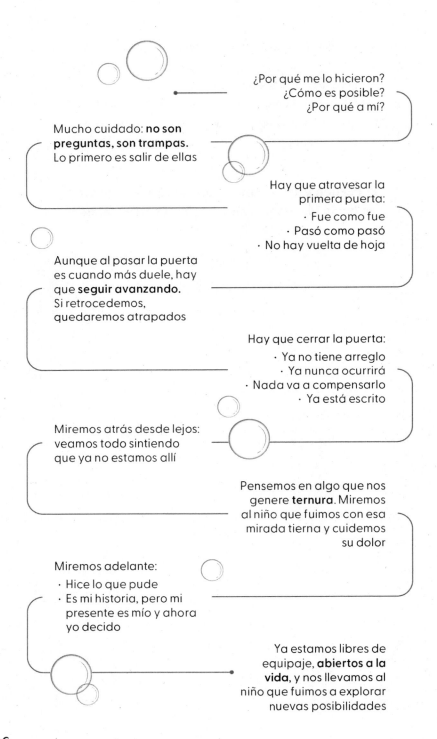

¿Por qué me lo hicieron?
¿Cómo es posible?
¿Por qué a mí?

Mucho cuidado: **no son preguntas, son trampas.** Lo primero es salir de ellas

Hay que atravesar la primera puerta:
- Fue como fue
- Pasó como pasó
- No hay vuelta de hoja

Aunque al pasar la puerta es cuando más duele, hay que **seguir avanzando.** Si retrocedemos, quedaremos atrapados

Hay que cerrar la puerta:
- Ya no tiene arreglo
- Ya nunca ocurrirá
- Nada va a compensarlo
- Ya está escrito

Miremos atrás desde lejos: veamos todo sintiendo que ya no estamos allí

Pensemos en algo que nos genere **ternura**. Miremos al niño que fuimos con esa mirada tierna y cuidemos su dolor

Miremos adelante:
- Hice lo que pude
- Es mi historia, pero mi presente es mío y ahora yo decido

Ya estamos libres de equipaje, **abiertos a la vida**, y nos llevamos al niño que fuimos a explorar nuevas posibilidades

Vamos a hacerlo juntos

Los efectos de la ausencia no se limitan a la falta de desarrollo emocional o al dolor que puede generar la conciencia de lo que faltó. Si las personas que nos acompañan en los aprendizajes no nos enseñan cómo hacer las cosas, no aprenderemos los pasos necesarios o deberemos descubrirlos por nosotros mismos. Es cierto que no es beneficioso para el desarrollo infantil que el niño lo haga todo siempre de la mano del adulto, sin tener oportunidades de explorar, inventar, equivocarse y buscarse la vida, pero la autonomía extrema también pasa factura. A medida que el niño conoce y domina nuevas cosas, por su cuenta o con apoyo, puede recibir un estímulo para seguir, con felicitaciones o reconocimiento, o bien ser ignorado o descalificado. En función de la respuesta recibida, los aprendizajes se facilitan o se dificultan. La mayoría de **las cosas se aprenden mientras las hacemos**, desde lo cotidiano y, a menudo, sin conciencia de estar incorporando conocimientos, creencias y vivencias emocionales.

A Estela, su madre le encargaba desde muy pequeña tareas domésticas, exigiéndole un desempeño casi adulto, pero nunca le había explicado cómo se hacían. Por ejemplo, le decía que limpiara la casa y lavara la ropa, dedicando bastante tiempo a argumentar (es difícil saber si con la niña o consigo misma) que ella trabajaba mucho y, por tanto, era obligación de su hija ayudar. Estela desconocía detalles como cuánto jabón debía echar al agua de fregar, qué trapo usar para quitar el polvo y cómo dividir la ropa para que no destiñera en la lavadora. Se fue enterando de todo *a posteriori*, tras recibir una y otra vez la consiguiente bronca por no haber hecho bien algo para lo que nunca recibió instrucciones.

Marisa creció sola con su madre, una mujer muy inestable que apenas se ocupaba de la casa y de su hija. Su concepto de cuándo había que lavar la ropa era muy relativo, y las prendas solían estar acumuladas en montañas sin organizar. La casa llegaba a tener unas condiciones pésimas, pero no se notaba demasiado porque solían mudarse cuando las reclamaciones del dueño por no pagar la renta subían de tono, o bien cuando se trasladaban a otra ciudad para «empezar de nuevo», según decía su madre. Cuando Marisa tuvo su propia casa, en una de sus habitaciones acumuló todo aquello que no conseguía ponerse a ordenar o limpiar. Mantenía en buenas condiciones la sala que podía ver la (escasa) gente que la visitaba, limpiando todo con toallitas húmedas porque nadie le había enseñado a usar un trapo de cocina o un limpiamuebles. Había muchas rutinas cotidianas de cuidado doméstico, del entorno en que vivía, que Marisa nunca conoció. Su compleja historia hacía que la agobiara pensar en ello y la avergonzara pedir consejo, de manera que improvisaba para seguir funcionando «como si» todo fuera normal.

Santi tenía problemas para levantarse por las mañanas, y no sabía por qué. Cuando conseguía hacerlo, se sentía fatal y se recriminaba duramente diciéndose que era un desastre, pero la cosa no mejoraba. El tema era serio, y le había impedido muchas veces mantener trabajos que le gustaban, así que subsistía con ingresos ocasionales y la ayuda económica de su familia. En realidad, la sensación que tenía por las mañanas no era nueva. De pequeño, cuando no tenía ganas de ir al colegio, como tantos niños, no había nadie que lo sacara de la cama y lo llevara a clase. Su madre tenía muchos problemas médicos, y su padre vivía volcado en atenderla, así que Santi se las arreglaba solo. Faltaba innumerables veces al colegio y llegaba tarde. Cuando los profesores hablaban con su padre, este suspiraba, les decía que no volvería a pasar y reprendía gentilmente a su hijo, consciente de que no estaba dándole la atención que debiera. Santi se dejaba ir, quizá esperando que sus padres lo vieran realmente mal y se preocuparan, pero esto nunca pasó.

Lucas era un desastre, y su madre también. Los dos eran muy dispersos, despistados, caóticos. No era raro que el niño avisara a su madre de que se había pasado de la entrada al colegio cuando iban en el coche, y él nunca recordaba cuándo tenía un examen o qué debía llevar en la mochila. Por supuesto, tampoco se acordaban de preparar el almuerzo para Lucas, así que la solución era comprar «cualquier cosa» en la máquina expendedora de la esquina o que el niño se quedara sin comer toda la mañana. El padre de Lucas era algo más organizado, pero llegaba cansado a casa, sin ganas de discutir con ninguno de los dos. Cuando recibían las calificaciones del colegio, frecuentemente malas, los dos progenitores llamaban a Lucas e intentaban hacerle ver lo importante que era estudiar, pero ninguno se sentaba con él a hacer las tareas. Su madre lo había intentado, pero raramente conseguía organizarse para estar lista a la hora que el niño lo necesitaba, acordarse de lo que Lucas olvidaba u ofrecerle a este un modelo de orden del que carecía. Además, enseñar a Lucas no era fácil, hacían falta mil repeticiones para que adquiriera una mínima estructura, y su madre no era un ejemplo de paciencia y persistencia. Por su parte, la contribución del padre se limitaba a sacarlo los fines de semana para que jugara con sus amigos. Aunque ambos lo trataban con mucho cariño, el niño no encontró en ninguno de los dos **un modelo para cambiar su funcionamiento caótico.**

Josué no era particularmente desorganizado. Como a todos los niños, le gustaba esparcir juguetes, tirar la comida cuando su madre tenía la pretensión de que comiera él solo y dejar que la ropa sucia se quedara justo allí donde se la había quitado. La madre de Josué, Manuela, venía de una familia extremadamente estricta, con un padre autoritario y una madre imposible de contentar. Por eso, se prometió que, cuando tuviera un hijo, ella no lo educaría desde la exigencia. Consciente de la dureza de que un niño sea criado de tal forma, quiso evitarle a su hijo las penalidades que ella había experimentado y tratarlo de un modo completamente distinto. Muchos padres se van en la crianza al otro extremo de lo que ellos vivieron, lo cual genera otros problemas diferentes (aunque, a fin de cuentas, siguen siendo problemas). Josué no aprendió a encargarse de cosas que, por su edad, podría hacer solo; no llegó a ser responsable y autónomo, curiosamente por el deseo de su madre de darle (por lo mucho que lo quería) una infancia mejor que la suya. Sin embargo, esto también tuvo consecuencias negativas para Josué, tanto en el colegio como después en el trabajo. **Un extremo no soluciona el otro, solo produce otro tipo de desequilibrio.**

Cuando nadie acompaña los aprendizajes, estos no siempre se generan de forma espontánea. En ocasiones, los niños que tienen un temperamento más organizado consiguen crear su propia estructura. Esto va bien en niveles moderados, o incluso puede ayudar cuando el entorno es caótico, para generar un pequeño reducto donde todo está controlado y en orden. La situación puede complicarse cuando este mecanismo deriva en un extremo patológico, como en las compulsiones de orden que se ven en el trastorno obsesivo compulsivo (TOC), en las que la persona coloca y recoloca todo lo que está a su alcance sin que nunca sienta que se alcanza el orden, la perfección o el control absolutos.

Si, por el contrario, el temperamento del niño es más desorganizado, el efecto de la falta de estructura puede ser muy diferente y generar problemas. La posibilidad de caer en el autoabandono en los malos momentos aumentará, y el niño tendrá menos experiencias de terminar lo que empieza, lograr cosas o tener éxito. Recibirá más quejas de su entorno por no hacer lo que se le indica, por olvidar cosas o por hacerlas de modo incompleto o deficiente. En los extremos de este estilo de funcionamiento, están las personas con déficit de atención con hiperactividad (TDAH). Este patrón, al igual que el anterior, no es necesariamente un problema; en general, las mentes desorganizadas tienden a ser más creativas. Sin embargo, dependiendo de cómo se encauce y de muchos otros factores, la desorganización puede llegar a suponer un problema.

La falta de rutinas, de estructuras, de procedimientos automatizados puede dificultarnos en muchos aspectos la gestión del día a día. Si una persona lleva bien el desorden y esto no supone un problema para quienes lo rodean, puede convivir con él sin grandes dificultades. Sin embargo, por misteriosas razones, las personas caóticas y las organizadas se atraen entre sí. Bueno, no es tan misterioso. Para los caóticos, alguien más ordenado les aporta estructura y les ayuda con la intendencia de la vida. Para los organizados, la creatividad y capacidad de improvisación del caótico puede resultar muy atractiva e interesante. Claro que, con la convivencia, es fácil que esas diferencias que al principio parecían complementarnos se conviertan en motivos de malestar y discusión. Similares problemas pueden ocurrir en el trabajo. Si nuestro empleo tiene un componente creativo, ser desordenado no será un inconveniente. Si nos encargamos de la contabilidad de una empresa, más nos vale ser organizados. En ocasiones, acabamos en un trabajo que no va con nuestra forma de ser, porque escogimos profesión sin pensar en cómo sería el día a día cuando la ejerzamos, o porque no nos quedó otra, y es ahí donde la cosa se complica.

Nuestro temperamento es nuestra materia prima, pero el modo en que nos ayudaron a modelarla tiene gran importancia, tanto para que saquemos partido a los aspectos positivos como para «limar» los negativos. Aquí entran en juego no solo el estilo educativo de nuestros padres, sino también hasta qué punto sintonizan con nuestra forma de ser. Los padres, aunque intenten «querer a sus hijos por igual», frecuentemente no pueden evitar funcionar de manera diferente con cada uno de ellos. Por ejemplo, un padre puede tener una mayor conexión con el hijo con quien comparte rasgos similares. Están unidos por lo que mi buena amiga, la psicóloga Cristina Cortés, denomina «simpatía temperamental». Cuando esto ocurre en una familia donde los padres están en conflicto, pasa a ser un problema y «eres como tu padre/madre» se convierte en un insulto. En otros casos, puede que el cuidador asocie el carácter del niño a figuras que fueron dañinas (sus propios padres, abuelos o hermanos), con lo que puede sentir una animadversión, no necesariamente consciente, hacia su hijo. O quizá, al contrario, las similitudes con una figura muy positiva o idealizada pueden hacer al progenitor sentir una predilección por ese niño frente a sus hermanos.

De todo lo anterior puede depender que el niño vea su estilo caótico u organizado como algo positivo o como un defecto, y esto es esencial para que evolucione hacia convertirse en un recurso o en una fuente de bloqueos. Del mismo modo, se puede estimular el temperamento sin darle al niño formas de modularlo. Por ejemplo, un padre rígido puede empujar a un niño de temperamento organizado a ir a más, «Sacaste un diez, pero tendría que ser un once», o ponerlo en una situación insostenible frente a sus hermanos con frases como «vagos, no van a llegar a nada, a ver si aprenden de su hermano». A su vez, un padre caótico puede manejar el desorden y los despistes del niño con indulgencia y dejadez, disculpándolo frente al otro progenitor, al que considera injustificadamente pesado y rígido. Necesitamos a un cuidador que nos valore por lo que somos y por cómo somos, que vea todo lo que hay en nosotros, pero que a la vez nos enseñe a **modelar nuestros rasgos para que pueda ayudarnos a funcionar.**

 ## Entrar sin pelear

De modo que, para ver en qué posición nos situamos, tenemos que hacernos antes la siguiente pregunta: ¿somos caóticos/creativos o más bien organizados/autoexigentes?

Si somos **organizados** y solemos situarnos en la exigencia, quizá estemos tan identificados con ese estilo que la idea de volvernos más «sanamente imperfectos» nos resulte muy poco atractiva. Es importante que nos planteemos la conveniencia de evolucionar hacia lo que tratamos de evitar. Sin embargo, aun sabiendo que nos interesa flexibilizarnos y aflojar nuestras exigencias, probablemente nos sintamos incómodos cuando nos toque hacer las cosas de un modo menos perfecto de lo que acostumbramos.

Si somos **caóticos**, quizá cuando alguien nos pida puntualidad, orden o estructura nos sintamos incomprendidos o atosigados. Por ejemplo, nos diremos que los demás son unos pesados porque nos piden que recojamos los espacios comunes en una vivienda compartida o porque se molestan cuando llegamos siempre con muchísimo retraso. De hecho, incluso podemos rebelarnos contra nuestros propios intentos de encauzarnos.

Para **cambiar de forma de funcionar**, debemos estar dispuestos a hacerlo, y esto implica asumir que iremos contra la inercia. Ya es suficientemente difícil sin que nos aferremos a nuestros problemas diciendo «yo soy así» o «no puedo cambiar».

Aceptarnos como somos no es incompatible con evolucionar y mejorar, ni tampoco con tener en cuenta a los demás.

 ## Aprender a ver

Si nuestro estilo de funcionamiento no fue aceptado o valorado, **ver lo que tiene de bueno** es un primer paso. Si somos caóticos, estaremos más capacitados para la improvisación (más nos vale), seremos más creativos, veremos más la panorámica. Si somos organizados, podremos cuidar los procesos de principio a fin, seremos más constantes y veremos mejor el detalle. No hay una forma «buena» de ser; somos distintos. Es cierto que en nuestra sociedad actual se acepta mejor a las personas organizadas, en buena medida debido a lo que implica el mundo escolar, donde los niños pasan tantas horas del día en unos años en los que su cerebro está en pleno desarrollo. Los desorganizados rebotan fácilmente en las rutinas escolares, y esto puede llevarlos a interiorizar creencias como «soy un fracaso», que pueden tener consecuencias negativas en muchos niveles.

Es muy importante aceptarnos como somos, pero también lo es **observar si nuestra forma de ser juega en nuestra contra**, y hasta qué punto lo hace. Todo tiene ventajas e inconvenientes, y no podemos forzar nuestra naturaleza para convertirnos en lo que no somos, pero eso no significa que no evolucionemos ni tampoco que vayamos por el mundo dando por sentado que los demás deben asumir las consecuencias de lo que hacemos o dejamos de hacer. Por ejemplo, si sabemos que somos muy rígidos, aprenderemos a aflojar cuando los demás no sean absolutamente puntuales o no hagan las cosas a la perfección, sin esperar que todos funcionen como nosotros. Si somos muy desorganizados, es importante ponernos las pilas para que los demás no tengan que ocuparse de todo lo que olvidamos o dejamos sin hacer.

Por último, es importante que prestemos atención a **qué hubiera hecho falta para modular nuestro funcionamiento** hasta un nivel más adecuado. Recordemos que aceptarnos comó somos no es lo mismo que dejarnos sin pulir, sin modular, sin desarrollar. Es tan necesario asumir nuestro estilo básico como encauzarlo para que nos juegue a favor y no en contra. Para ello es necesario resetear la información previa y pensar desde cero: ¿qué nos hubiera ayudado entonces?, ¿qué nos podría ayudar ahora? Si alrededor de todo esto hubo cierto grado de abandono emocional, ¿entendemos la importancia de mirar ahora por nosotros, de tomar las riendas en lugar de dejarnos ir?

Ayudar a crecer

Aún estamos a tiempo de empezar el proceso que no se produjo cuando éramos niños. Muchas personas caóticas aprendieron a estructurarse al convivir con compañeros de departamento o parejas más organizadas. Otras se propusieron empezar a funcionar de un modo diferente al vivir solas o con sus propios hijos, y se fueron «reeducando». Muchas de las que eran tan estructuradas que cayeron en la rigidez se flexibilizaron al convivir con parejas más espontáneas. Incluso Marie Kondo, conocida por su método para ordenar los espacios, reconoció que tuvo que renunciar a la estructura que la hizo famosa ante las dificultades de criar a sus hijos pequeños. **Si queremos cambiar nuestro estilo de funcionamiento, podemos recurrir a dos estrategias: buscar un modelo o apoyarnos en un ayudante.**

Si vemos a personas que gestionan bien su estilo, fijémonos en ellas. En ocasiones, tomamos como referencia a personas cuya estructura se lo pone fácil, nos comparamos con ellas, y lógicamente salimos perdiendo en esa comparación. Pero podemos enfocarlo de otro modo y tomarlas como referencia. Para ello, nos conviene buscar a aquellas que son similares a nosotros y, pese a ello, consiguen gestionar mejor su día a día. De cómo lo hacen estos **modelos** podemos tomar nota.

• • • • •

- Si somos desordenados, la capacidad de organización de una persona muy metódica nos puede parecer admirable. Sin embargo, lo interesante es ver cómo consigue hacerlo alguien caótico: ¿se organiza con las notas y alarmas del celular?, ¿lleva una agenda?, ¿hace esquemas para estudiar?, ¿pone una pizarra en casa donde anota lo que le falta por hacer?

- Si, por el contrario, somos rígidos y queremos aprender a fluir e improvisar un poco, observemos a alguien que nos lleve ventaja (aunque no excesiva) en ese proceso y aprendamos de cómo lo hizo: ¿salió de viaje sin llevarlo absolutamente todo planificado?, ¿se atrevió a dejar trabajo para el día siguiente con tal de salir a tiempo?

• • • • •

También podemos encontrar el apoyo de un **ayudante**, una figura simbólica que nos sirva para pensar qué decirnos, cómo animarnos, cómo guiarnos. Para lograrlo, podemos recoger todo lo que nos sirva de distintas personas, aunque sean pequeños detalles.

· · · · ·

- Para los desorganizados, podría ser la cara de «tú puedes» de nuestro abuelo, el profesor de quinto que nos enseñó a pensar los ejercicios de matemáticas, el amigo que estudiaba con nosotros y nos hizo ser más sistemáticos, o la pareja por la que aprendimos a ser más puntuales. ¿Cómo nos hablaban? ¿Qué nos decían? ¿En qué tono?

- Para los que son demasiado estrictos, las referencias pueden ser la abuela consentidora, el amigo con el cual salimos y nos desinhibimos un poco, o la novia divertida que nos enseñó a reírnos un poco de nosotros mismos. Quizá sus actitudes nos crisparan un poco, pero tenemos mucho que aprender de ellos.

· · · · ·

Si estas personas y su forma de estar con nosotros no bastan, pensemos qué más necesitamos: ¿quizá alguien que nos diga las cosas tal y como son, que nos meta un poco de presión, aunque con cariño?, ¿quizá una especie de ayudante personal que piense con nosotros qué hacer y cómo dividirlo en pasos manejables? Con todos estos ingredientes, imaginemos a alguien que los aúne. ¿Cómo sería?, ¿cómo nos hablaría?, ¿con qué expresión, con qué mirada?

Una vez que hayamos pensado con todo detalle en ese ayudante, imaginemos en qué situaciones lo necesitaremos: al levantarnos de la cama, los domingos mientras organizamos las comidas de la semana, al llegar al trabajo, etcétera. En cada una de esas situaciones, desarrollemos toda la secuencia junto a este personaje que hemos construido y visualicemos cómo nos ayudaría a gestionarla.

• • • • •

El objetivo final es que nos autoayudemos, pero visualizar la ayuda que necesitamos como algo externo nos resultará útil. Intentemos repetir con frecuencia la visualización de nuestro modelo o de nuestro ayudante en distintas situaciones. Para recordarlas, podemos anotar esas secuencias en nuestra **Libreta de Recursos Nutritivos**.

• • • • •

¿Qué es eso de disfrutar?

Reírse con otro es el mayor síntoma de amor.

Carmen Martín Gaite,
Lo raro es vivir

Hay casas donde no se escuchan las risas. Algunos progenitores tienen todo el cariño del mundo para sus hijos, pero no saben jugar con ellos, sobre todo cuando son pequeños, y esperan a que estos crezcan para poder hablarles de un modo parecido a como lo harían con un adulto. Otros no tienen sentido del humor, no entienden los chistes, ni tampoco se ríen de las ocurrencias infantiles, que otras personas ven como algo entrañable. Sin intención de hacerles daño, corrigen a sus hijos con frases como «no digas tonterías» o «pórtate bien».

Pero, en algunos casos, la situación es más compleja. Sagrario era una mujer amargada, salida de una infancia llena de penalidades, que ya nunca se permitió disfrutar de la vida, anticipando que «después de lo bueno, siempre viene lo malo». Al menos, las pocas veces que se ilusionó de niña, eso fue lo que ocurrió. La única persona que le dio algo de ternura, su abuelo, murió cuando ella era aún muy pequeña. Después de eso, nada. Se casó con quien sus padres le impusieron, diciéndose que al menos así saldría de casa, pero desde el inicio de su matrimonio se encargó de amargarle la vida a su marido para hacerle pagar al mundo todas sus penalidades pasadas.

En medio de esta relación, nacieron dos niños. Sagrario hizo su papel de madre, protegiendo a sus hijos de lo más doloroso de su pasado: la posibilidad de ilusionarse. Cuando los escuchaba reírse y emocionarse en sus juegos, desde la distancia les decía «rían, que ya llorarán». En parte, trataba de frenarlos antes de que se exaltaran demasiado, empezaran a pelearse entre ellos y le tocara levantarse e ir a poner orden. Ella solo encontraba cierta paz trabajando en la casa, haciendo cosas por el terreno que tenían al lado o hablando con las gallinas. Los niños la saturaban, porque todo aquello que la conectara con su infancia hacía temblar los cimientos del castillo de naipes que había construido encima de sus recuerdos difíciles. Además, tener que regañarlos le hacía sentir que actuaba como sus padres cuando la reprendían, porque no tenía otro modelo que la dureza. Así, cortar las risas infantiles evitaba, de algún modo, toda esta tormenta de sensaciones inmanejables.

Para algunos padres, ver felices a sus hijos es doloroso. ¿Paradójico? Sí, claro, pero la mente humana es de todo menos simple. Ver el brillo de felicidad de los niños hace que a algunas personas se les remueva, sin conciencia de ello, el dolor de lo que les fue negado en su propia infancia. La ternura que les evocan las hace conectar con emociones que no son placenteras. En ocasiones, esta reacción puede ser consciente, pero a la vez muy automática. Una de mis pacientes participó como voluntaria para que registráramos su actividad cerebral con un electroencefalograma cuantitativo, una prueba que permite «dibujar» mapas visuales de qué tan activas estaban en cada momento las distintas áreas del cerebro. A grandes rasgos, cuando las ondas cerebrales son excesivamente rápidas, el cerebro está «sobrecargado» y es menos eficiente. Cuando la frecuencia es demasiado lenta, la persona está adormilada o dispersa. El sistema nervioso, como casi todo en la vida, funciona mejor en las franjas intermedias (algo más activo para prestar atención y actuar, algo más lento para descansar y relajarse), sin ir hacia los extremos más que en situaciones límite. En el caso de esta mujer, que había sufrido maltrato y abusos graves en su infancia, vimos que las imágenes que mostraban caras de miedo o rabia aceleraban su cerebro. Sin embargo, las fotografías de bebés sonrientes y personas que los cuidaban con ternura eran las que disparaban más su actividad cerebral. Esto encajaba con la angustia que, como me dijo, sentía al ver estas últimas imágenes: «Me recuerdan todo lo que yo no tuve».

En algunas familias, sencillamente, no hay momentos de disfrute compartido. Quizá son familias «normales», que hacen todo lo que se supone que deben hacer, pero sus miembros están absorbidos por tareas y obligaciones, de manera que les queda poco tiempo para el ocio. Incluso es posible que consideren que pasar un rato disfrutando juntos es «perder el tiempo» y que no conozcan el arte del aburrimiento. Si el niño no sabe qué hacer, lo apuntarán a otra extraescolar, y el tiempo compartido consistirá en ir en el coche de una actividad a otra. Si el niño, saturado, empieza a no querer tocar un instrumento, aprender un idioma o practicar un deporte, los padres se agobiarán si renuncia a una actividad (que teóricamente le gustaba o era importante de cara a su futuro) para, según ellos, «no hacer nada». Los tiempos sin rellenar pueden resultar incómodos a estos padres, que no saben simplemente «estar». Si esto puede suponer un problema en una familia funcional, con padres dedicados, podemos imaginar qué sucederá en lo que podríamos llamar una familia «estructurada» pero con carencias importantes de algunas vitaminas emocionales.

Otro posible escenario es la familia que prioriza el trabajo, lo que debe hacerse, el deber, y trata de transmitir a sus niños esos mismos principios. Hablaremos más adelante de la influencia de la exigencia excesiva, una de cuyas reglas es que «el deber va antes que el placer». Esta creencia puede hacer que, en el futuro, los momentos de disfrute se vivan con culpa o, directamente, no nos los permitamos.

Si no practicamos de niños la capacidad de disfrutar, las actividades placenteras pueden resultarnos hasta incómodas cuando somos adultos, nos costará encontrar actividades gratificantes y saborearlas, o nos diremos cosas como «tendría que estar haciendo algo útil». En cualquiera de estos escenarios, falta el espacio, la conexión, la sensación de poder **estar con otras personas simplemente por el placer de compartir momentos.**

 ## Entrar sin pelear

Algunas veces no hay pelea porque no notamos la ausencia de lo que nunca tuvimos. Otras, porque la doctrina familiar sobre en qué es legítimo invertir el tiempo se convirtió en una convicción personal. Si nos hallamos en este punto, quizá conviene aprender primero a pelearnos, a rebelarnos contra lo que «debe ser», a entender la importancia de perder el tiempo, de ser improductivos, de buscar solo cosas agradables, satisfactorias, importantes para nosotros. Como en otras situaciones relacionadas con lo que no pasó, puede costarnos identificar cuáles de esos momentos agradables fueron importantes y siguen siendo necesarios.

En ocasiones, nuestra identidad se ha configurado alrededor de esas consignas. Solo nos sentimos bien si somos productivos, si hacemos cosas, si trabajamos. Sin duda alguna, es importante que nuestra vida tenga un propósito, que pongamos en marcha acciones significativas, que no vivamos simplemente a merced del viento. Pero definirnos únicamente según lo que hacemos acaba siendo un problema. Por un lado, porque nos hará gastar más batería de la que recargamos, nos impedirá descansar e irá aumentando cada vez más la tensión que soportamos. Además, las etapas de parada obligada como las enfermedades, el desempleo o la jubilación se convertirán en crisis profundas. Si somos padres, pasar tiempo con nuestros hijos nos resultará difícil y tenderemos a llenar cada hora con actividades o a transportarlos para que lo disfruten fuera del núcleo familiar.

En los siguientes apartados, veremos qué es necesario para aprender a disfrutar. Tocará poner empeño en avanzar en esa dirección y no pelear contra las sensaciones positivas que empecemos a notar. Es más probable que intentemos pelear contra ellas si, en el pasado, recibimos mensajes negativos al respecto, como el de «rían, que ya llorarán». Quizá nos censuremos por egoístas, ineficientes o poco responsables, dificultándonos acceder a las sensaciones positivas. Esta pelea puede resultar contraproducente.

• • • • •

Hagamos un pequeño experimento. Digamos en voz alta estas frases: «Soy irresponsable», «soy relajado», «soy vago/-a». ¿Nos cuesta pronunciarlas? ¿Nos generan mucho malestar? Si es así, es importante que trabajemos en ello. Para que no nos aplasten la responsabilidad y el deber, conviene que encontremos tiempo solo para nosotros, que disfrutemos de momentos que no tengan valor para nadie. Para poder hacer esto, decir «voy a disfrutar de no hacer nada» no nos debe sonar imposible. De este modo, podremos llegar al equilibrio. Estemos tranquilos, no tenemos por qué volvernos absolutamente irresponsables y no esforzarnos, tan solo tenemos que encontrar un punto medio entre los dos extremos.

· · · · ·

Aprender a ver

Disfrutar no es lo mismo para cada persona. Podemos intentar hacer lo que otros hacen en su tiempo libre y sentirnos frustrados porque no acabamos de sentirnos tan bien como ellos. **Aprender a ver significa identificar qué cosas podemos disfrutar nosotros.** Quizá nos cueste porque, si no tenemos el hábito de hacerlo, al principio podemos sentirnos incómodos debido simplemente a la falta de práctica. Es probable incluso que inicialmente no notemos ninguna sensación positiva, como si no tuviéramos establecidos los circuitos de conexión entre una actividad agradable y sus efectos a corto y largo plazo. Podríamos compararlo con habituar nuestro paladar a platos a los que no estamos acostumbrados, para así reconocer y disfrutar esos sabores que nos eran ajenos. Si nunca hemos disfrutado la comida, no tendremos la costumbre de explorar alternativas culinarias, de probar, de saborear. Necesitamos hacer un trabajo consciente de pararnos, probar y darnos tiempo, que permitirá, poco a poco, que se vaya desarrollando nuestra sensibilidad.

Además, desde que empezamos a adquirir un hábito hasta que este se establece, pasa un tiempo. En las primeras etapas, solo notamos la dificultad, el esfuerzo de persistir en algo que de entrada no resulta gratificante. Es solo cuando ya hemos automatizado algunos elementos, y empezamos a notar sus pequeños beneficios, que podemos valorar lo que nos aporta. Sin embargo, en la primera etapa únicamente nos servirá hacer un acto de fe. Por ejemplo, cuando empezamos a ir en bicicleta, nos cuesta un mundo mantener el equilibrio y parece que no hacemos más que caernos, así que no tiene nada de placentero. Una vez que ya no tenemos que pensar en cómo avanzar sin tambalearnos, y estamos un poquito en forma como para no echar el hígado en las cuestas, podemos empezar a disfrutar del paseo. Más adelante, si salimos con la bicicleta regularmente, notaremos los beneficios del ejercicio en nuestro ánimo, nuestra capacidad para relajarnos y nuestro estado físico. Llegar a este punto lleva meses, en los que las sensaciones son bien distintas, sobre todo si no hemos tenido experiencias previas de por qué vale la pena tal esfuerzo. Una proeza, vaya.

 ## Ayudar a crecer

Cada vez que evocamos un momento agradable, las sensaciones positivas que lo acompañaron regresan, aunque solo sea ligeramente y por un instante. Para algunas personas es fácil notar esas sensaciones, percibirlas en el cuerpo, al pensar en algo. Pero si nos resulta difícil, no pasa nada: todo el mundo puede aprender a detectarlas. Como todo aprendizaje, necesita práctica.

¿Por qué nos cuesta percibir esas sensaciones?

- Quizá estemos tan acostumbrados a no pararnos en las sensaciones agradables que **no sabemos ni cómo son.** Nos cuesta reconocerlas, aunque estén ahí. Si las percibimos, son tan tenues que nos parecen poco importantes y tardamos en conectar con ellas. Forman parte de un nuevo registro, que debemos aprender a recorrer.

- En ocasiones, **nuestro sistema nervioso está más entrenado para prestar atención y percibir las sensaciones negativas**, así que, aunque intentemos pensar en recuerdos agradables, el cerebro toma el camino habitual y nos lleva entre angustias, preocupaciones y malestar. Así, cuando pensamos en unas vacaciones estupendas en la playa, en lugar de notar algún residuo de las sensaciones agradables que nos dejó esa experiencia, nos viene el cansancio de estar trabajando y el agobio por el mucho tiempo que falta para los próximos días libres.

- Quizá no conectemos fácilmente con las sensaciones positivas y empecemos a **esforzarnos** por notar aquello que percibimos allí. Esto aumentará la presión que sentimos, pues tratamos de percibir de modo forzado algo que solo puede ser espontáneo.

- Estamos tan **hipervigilantes a las señales de ansiedad** que nuestra atención sistemáticamente se focaliza en el agobio del pecho o la presión del estómago. Al estar tan pendientes de dónde nos duele el cuerpo, nos cuesta fijarnos en las sensaciones agradables.

- Hay una **inercia** casi seductora que nos atrae hacia lo conocido (yo la llamo «la zona incómoda», porque de «zona de confort» no tiene más que el nombre), con pensamientos como «no me apetece», «estoy mejor aquí» o «no me la voy a pasar bien». Si pese a ello conseguimos salir hacia algo potencialmente gratificante, doña inercia nos acompaña y, machacándonos con «quiero irme a casa» o «¿quién me habrá mandado venir?», impide que disfrutemos de nada de lo que hagamos. Es el mismo efecto que consiguen las quejas de los niños que, desde el asiento trasero del coche durante un viaje que nos hacía ilusión hacer en familia, dicen cada dos minutos «¡me aburro!», «¿falta mucho?», «¿cuándo volvemos?». Enseguida el viaje se convierte en un dolor de cabeza. Así, nuestros intentos acaban confirmando la idea de que «no me la paso bien con nada».

· · · · ·

En cualquiera de estos casos, se requiere práctica. Veamos cómo sería el circuito de entrenamiento:

Pensemos en un lugar o situación que fue agradable y que, de entrada, no estuvo asociado a nada negativo

Recordemos todos los detalles posibles de la situación: ¿con quién estábamos?, ¿qué época del año era?, ¿recordamos imágenes, sonidos, olores…?, ¿cómo era la sensación que sentíamos allí?

Sin intentar que las sensaciones sean como entonces, observemos qué notamos ahora en el cuerpo, como si lo escaneáramos de la cabeza a los pies, y describamos las sensaciones, sin juzgarlas

Escojamos la sensación más agradable de todas las que notamos. Si hay otras negativas más intensas, no peleemos por disminuirlas, simplemente dejémoslos ahí y dirijamos la atención a la más agradable

Describamos cómo es la sensación agradable, aunque sea leve: ¿dónde la notamos, en qué parte del cuerpo?, ¿cómo la definiríamos: apertura, ligereza, calor, frescura…?

Si nos cuesta notarla, pensemos en un objeto neutro que tengamos alrededor. Observemos las sensaciones que nos genera al mirarlo. Ahora, recorramos de nuevo nuestro cuerpo y describamos lo que notamos

Volvamos de nuevo a la primera escena, y observemos las sensaciones: ¿hay alguna leve diferencia respecto a pensar en un objeto neutro?, ¿notamos alguna sensación más positiva? Fijémonos en ella, describámosla

Pongamos la mano sobre la zona del cuerpo en que notamos más la sensación positiva o agradable, y quedémonos un rato simplemente notándola

Hagamos el ejercicio sin expectativas, repitiéndolo a diario, sin buscar ningún resultado concreto. Con el tiempo, percibiremos mejor estas sensaciones, pues habremos entrenado la lupa de nuestra atención para percibir y sentir lo positivo, lo placentero, lo agradable. Cada vez que podamos notar un poco sensaciones positivas y agradables, describámoslas en nuestra Libreta de Recursos Nutritivos.

En las buenas y en las malas

Necesito que me mires y me veas siempre igual, aunque yo cambie a cada momento. Necesito que cuando pienses en mí puedas verme completo, que veas al de la superficie, pero también al que se esconde y al que no quiere escuchar, al que soy y al que puedo llegar a ser.

Para que el amor de los padres llegue a todas las células del cuerpo del niño, deben **quererlo sin condiciones.** ¿Qué quiere decir esto? No se trata de mirar al niño embobados constantemente, sino de aceptarlo como una personita única, diferente y con valor, tal y como es, esté como esté. Tampoco tiene que ver con disculpar y dar por buenas todas sus conductas cuando estas no son adecuadas (es sanísimo corregirlas), pero es importante señalar la conducta, y no a la persona. Esto significa decirle al niño «esto que hiciste está muy mal», en lugar de «eres malo/egoísta/vago...». Aunque esto parece elemental en cualquier manual de *parenting* (los libros de instrucciones que pretenden enseñar cómo criar a un hijo), en realidad no tiene nada de fácil.

127

En primer lugar, los padres no empezamos a funcionar como tales siguiendo algún manual teórico, por muchos que hayamos leído. Entramos en la maternidad o la paternidad cada uno con nuestras propias mochilas, con nuestras experiencias de cuando fuimos niños y de las relaciones que nos acompañaron mientras crecíamos. Si los comportamientos del niño nos recuerdan experiencias negativas, pueden retrotraernos hacia nuestra historia antigua y hacernos perder perspectiva. Por ejemplo, si convivimos cuando éramos pequeños, o en una relación de pareja, con una persona violenta, los berrinches normales de un niño nos resultarán intolerables o nos asustarán y activarán en nosotros sentimientos de indefensión. Esto tiene un efecto multiplicador sobre la conducta del niño, que necesitaría sentir cuando está desbordado que se le maneja con firmeza y contención, pero sin que parezca estar perdiendo el amor de sus padres. En cambio, detectar el miedo o la ira en la cara del cuidador desregula mucho más la conducta infantil, hasta desencadenar entre ambos una especie de activación recíproca: cuanto más se altera el niño, más lo hace el cuidador, y viceversa. Si la relación cuando circulan otras emociones es buena, de manera que los padres pueden pasársela bien con su hijo cuando está tranquilo, pero no sostenerlo cuando está mal o alterado, en el interior del niño irá creciendo la sensación de que es querido, pero no siempre. Nota amor, y puede que mucho, pero con condiciones.

La dificultad puede también tener que ver con emociones que a los padres les cuesta gestionar. Cuando el niño está angustiado y asustado, verlo puede recordarles experiencias atemorizantes de su propia infancia, que hasta ese momento habían «solucionado» procurando no pensar en ellas. De hecho, quizá se hayan planteado que con su hijo van a ser mucho más cuidadosos y protectores de lo que lo fueron con ellos y que no dejarán que le pase nada. Si ahora el niño sufre porque lo tratan mal en el colegio o porque sus compañeros no quieren jugar con él, esos padres pueden tener dificultades para abrazar la angustia de su hijo transmitiéndole que están ahí, que para ellos es el niño más lindo del mundo, y que, aunque haya problemas fuera, siempre va a tener en ellos un refugio en el que sentir calorcito y resguardarse. La dificultad surge cuando, al hablar con el niño de sus emociones dolorosas, estos padres conectan con la falta de soluciones con que vivieron las suyas. Además, la angustia de su hijo los hará sentir culpables, porque se dirán que fallaron en la misión que se habían propuesto, en su afán por conseguir que su hijo fuera feliz, todo lo contrario de lo que les pasó a ellos. Para el niño, se acumularán demasiadas sensaciones alrededor de su propio dolor y, más que suavizarlo y diluirlo, sus padres lo amplificarán. Y esto aumentará aún más el agobio y la culpa de ellos, porque eso es lo último que querían que ocurriera. Así que el niño probablemente sentirá que su malestar preocupa demasiado a los adultos, y creerá que está haciendo sentir mal a estos. Con el tiempo, puede que sienta que su dolor tiene algo de malo, o que, cuando surge, nada se puede hacer para evitar que aumente más y más.

El amor incondicional significa que la aceptación es independiente del estado emocional, de la conducta, de lo que esté pasando. Y cuando un niño se pone desafiante, cuando es difícil de calmar, cuando sufre, cuando se pone pesado o repite una conducta que para los padres es inadecuada, conseguir manejar esa situación y a la vez estar ahí para él, sin que el niño se sienta rechazado como ser humano, no es nada fácil. Hay padres que toleran bien las salidas de tono de sus hijos, se mantienen firmes y, por lo general, las encauzan armándose de paciencia. Otros, en cambio, claudican y ceden ante sus berrinches para evitar conflictos, pero, con frecuencia, solo logran que aquellos aumenten. Los padres más impulsivos actúan primero para, a continuación, darse cuenta de que no es bueno gritar así al niño o que decirle «¡¿Eres tonto o qué te pasa?!» probablemente estuvo de más. Cuando estamos desbordados, es fácil que digamos las cosas sin filtro, y los niños parecen programados para llevarnos al límite. De hecho, a determinadas edades, precisamente miden así sus fuerzas con los adultos que tienen a mano. Cualquiera con un hijo adolescente ha vivido esta situación, y sabe bien que no hay frases mágicas que conviertan esa etapa en miel sobre hojuelas. Es necesario entender que nuestro hijo ensaya con nosotros para cuando tenga que salir al mundo y luchar por la vida, estirando los límites de la infancia de la que procede, y debatiéndose con la metamorfosis de hacerse adulto. Es importante seguir mirando todo esto con ternura, entendiendo también que habrá momentos en los que tengamos que hablarnos mucho por dentro para no perder los papeles. Que el ajuste no sea perfecto es más que normal, poner límites firmes sin hostilidad ni rechazo es ya para nota. Lo importante es que el futuro adulto en el que nuestro hijo se está convirtiendo no vea en nuestros ojos decepción por haber dejado de ser el niño encantador que era, ni tampoco rechazo ni odio. Hay que quererlos también cuando están en modo *gremlin*, es lo que hay. Por muy desesperados que estemos, conviene recordar que una adolescencia en la que el niño se porta superbién puede asociarse a problemas de salud mental posteriores, ya que no es natural ni psicológicamente sano que sea así.

Cuando a los padres les cuesta asumir un aspecto particular de sus hijos, frecuentemente este tiene que ver con su propia historia. Para algunos, que el niño mienta es inaceptable, porque en su visión del mundo decir la verdad es algo sagrado (quizá a ellos les contaron mentiras dolorosas, por lo que concluyeron que todas lo son), así que, cuando su hijo les dice el típico «yo no fui», lo miran como si estuvieran ante un futuro asesino en serie. Los padres con un patrón de apego distanciante, que toleran mal la cercanía emocional, pueden mostrar cara de fastidio cuando su hijo se aproxima con necesidad de afecto o consuelo, apartándolo con un «no seas tan encimoso», aunque probablemente con cierto sentimiento de culpa en el fondo.

• • • • •

Pensemos en nuestros hijos (si no tenemos, podemos pensar en todas aquellas personas que nos rodean o en la gente en general). Planteémonos qué llevamos peor de ellos, qué nos cuesta más manejar. No necesariamente deben ser conductas, pueden ser emociones, gestos, falta de reacción, etcétera. Busquemos un ejemplo representativo, un instante concreto. Tracemos una imagen mental del peor momento que se nos ocurra. Ahora, observando esa imagen mental, notemos qué emociones y sensaciones nos genera pensar en ella. Observemos dónde notamos esas sensaciones.

Ahora, dejemos de lado esa imagen y centrémonos únicamente en la sensación. ¿Nos suena conocida? ¿La hemos sentido más veces? Recorramos nuestra historia hacia atrás en el tiempo. ¿Cuándo fue la primera vez que nos vino a la cabeza esa sensación asociada? Es probable que nos hayamos remontado hasta nuestra infancia o adolescencia.

Fijémonos en la escena de esa primera vez. Tomemos conciencia de qué efecto produjo en nosotros y observemos si todavía nos hace sentir mal.

Por último, comparemos las dos situaciones: la que notamos en nuestros hijos (o en otra persona) y la de la primera vez que, mucho tiempo atrás, notamos esa misma sensación. Esta vez, en lugar de fijarnos en las similitudes, escribamos una lista, lo más larga posible, de las **diferencias** entre ambas. La primera y más importante es que, en el recuerdo antiguo, nosotros estábamos en la niñez o la adolescencia, mientras que, en el recuerdo actual, ya estamos en la etapa adulta.

Cuando el cerebro conecta situaciones porque tienen un punto en común, lo simplifica todo. Ver las diferencias nos ayudará a matizar, a tomar perspectiva.

· · · · ·

Al cuidar a un niño es normal que se produzcan desajustes, oscilaciones entre momentos de sintonía y de falta de armonía. Los niños tienen muchas necesidades de regulación, se alimentan de atención y cuidado, y esto es así estén los padres cansados, estresados con sus propios problemas, o descansados y relajados. El niño busca de manera instintiva lo que necesita, independientemente de las capacidades y puntos débiles de sus progenitores. Todos los que tienen hijos saben que la crianza no es fácil, y hay muchos momentos que no tienen nada que ver con la postal edulcorada que a veces se dibuja. No es tan simple como quererlos mucho y seguir el guion de lo que una buena madre o un buen padre deben hacer. También es importante tener en cuenta que **quienes saben de apego no hablan de una crianza perfecta, sino de unos padres «suficientemente buenos».** De modo que no nos torturemos.

Aunque cuidar niños no entre en nuestros planes, entenderlo en esta dirección (de hijos a padres) puede darnos perspectiva para comprender cómo nos pueden haber influido nuestras propias experiencias, las que vivimos en nuestra infancia y adolescencia. Si hay elementos de nuestra personalidad que fueron censurados o ignorados, es muy probable que tengamos una relación difícil con ellos y, además, ejercerán una enorme influencia (nada positiva) en nuestro modo de funcionar en todas las relaciones.

Identificar lo que rechazamos de nosotros mismos es más fácil, notamos que no nos gusta. Percibir lo que ignoramos es más complejo, y lo advertimos porque los demás señalan en nosotros cosas que nos cuesta reconocer, o bien porque sentimos que nos faltan piezas para comprendernos. Por ejemplo, si en nuestra casa nunca se hablaba de la tristeza, quizá no hayamos

aprendido bien a notarla y a regularla. Una persona depresiva puede venir de una infancia en la que nunca se hablaba del malestar y la tristeza, de modo que ahora, precisamente porque no deja salir esa emoción a la superficie, se acaba acumulando y desbordando de vez en cuando. La depresión es un fenómeno complejo, no se reduce a este escenario, pero es una posibilidad. En cualquier caso, **somos todo aquello que sentimos que nos define y con lo que nos identificamos, pero también nuestras sombras y nuestros huecos.**

 **Entrar sin pelear**

El rechazo de nuestros padres, aunque sea únicamente en algunos momentos o ante ciertos aspectos, es muy doloroso para un niño, pero dejar que nos reconcoma puede hacernos aún más daño. Permitirnos enfadarnos por el daño que nos hacen las cosas es saludable, pero quedarnos a vivir en el odio es un verdadero problema. Si solo podemos mirar atrás una y otra vez con resentimiento, no podremos asimilar lo ocurrido, y no podremos evolucionar. Nos quedaremos atascados en nuestra historia.

Algunas personas creen que superar un pasado doloroso implica que este deja de doler y, más tarde, dejamos ir el rencor, pero en muchas ocasiones el camino es inverso. De algún modo, dejamos de pelearnos con lo que pasó o lo que faltó, decidimos que dar vueltas en círculo no sirve de nada, y permitimos que nos duela por última vez. ¿Cómo se logra? Un punto importante es salir de las preguntas en bucle, esas que se repiten una y otra vez sin que ninguna respuesta nos sirva. Esta situación es un residuo de la reacción del niño que reclama desesperadamente lo que busca del adulto, diciendo «¿por qué me tratas así?», o «¡quiero esto!», y que lo pide esperando todavía que se lo den. Cuando nos repetimos estos «¿por qué?» al pensar en el pasado, actuamos como si aún fuera posible recibir de aquellas personas lo que no recibimos, lo que hubiéramos necesitado. Pero como la experiencia fue que lo esperado no llegó, al pensar en ello también vendrán la insatisfacción y la sensación de que nunca será posible. Esta indignación insatisfecha puede teñir todas nuestras relaciones posteriores.

Lo que de verdad ayuda es **entender.** Entender la historia de nuestros padres, la huella que les dejaron sus relaciones importantes, sus traumas, sus problemas de salud mental, sus adicciones... Recordemos que **comprender no es disculpar**. Entender nos ayuda a saber lo más importante: que los hechos, situaciones y sensaciones de nuestra crianza que sentimos que nos perjudicaron tienen un origen complejo, y que no se trata de que fuéramos indignos de recibir todo lo que un niño necesita, sino que simplemente nuestros padres no nos supieron (o pudieron) querer ni cuidar mejor de cómo lo hicieron. A menudo, los porqués tratan de dar sentido a algo ajeno a la lógica, a un sinsentido o una contradicción, y se encuentran siempre con una realidad que no puede explicarse en modo simple. Las razones por las que no predomina el instinto mamífero de cuidar y proteger a las crías pueden ser muy complicadas. Y en algunos casos, la única respuesta que encontramos es que, sencillamente, las personas somos capaces de hacer cosas sin sentido.

134

# Aprender a ver

El rechazo produce efectos invisibles y detectarlos puede llevar tiempo. También es posible que creamos que no nos afectó, porque nos acostumbramos a verlo como algo normal o pensamos que nos hizo más fuertes. Para observar sus efectos, nos puede ayudar imaginar cómo viviría nuestras experiencias tempranas en las relaciones un niño, preferiblemente uno que conocemos y nos importa. ¿Le afectarían determinados comentarios o actitudes? ¿Sería bueno para él pasar por algunas de nuestras experiencias cotidianas, o habría opciones mejores? Ninguna infancia es ideal, ni debe serlo, pero nos ayudará entender cómo nos influyó la nuestra.

También es importante que **veamos qué experiencias del presente nos pueden ayudar a neutralizar las del pasado**. Los aspectos de nuestro carácter, las reacciones y emociones que nuestros padres no pudieron aceptar, cuidar y regular, quizá hayan sido validados por otras personas. Por ejemplo, aunque censuraran nuestro temperamento fuerte en un ambiente muy autoritario, quizá ahora sea considerado parte de nuestro encanto por un buen amigo. Lo que no encajaba en nuestra familia puede verse como un valor en otros contextos.

Hacer memoria de estos momentos en los que recibimos validación puede lograr que esta información penetre en nuestro interior y diluya el efecto de las primeras experiencias. Pero, para que ocurra, las dos redes de memoria tienen que hablar entre sí. Es decir, debemos ver la aceptación de nuestro amigo, pensar en nuestra infancia y en cómo nos sentíamos, darnos cuenta de dónde estaba el origen de la actitud de nuestros padres y, por último, volver con un «pero ahora...» a la nueva información que hoy nos ha traído la vida.

1. Hago un poco el payaso en una reunión social

2. Mi amigo me mira y sonríe

3. En mi infancia me regañaban por algo así

4. Recuerdo que me hacía sentir mal

5. Pero ahora...

Me siento diferente

Estos viajes de ida y vuelta conectan sensaciones y restan peso a lo antiguo. Para que tengan efecto, apartemos otras preguntas e informaciones y notemos los momentos de aceptación sin preguntarnos por qué nuestros padres no lo hicieron.

Tengamos en cuenta que los aspectos de nuestro carácter rechazados o negados quedarán mal regulados y, con el paso del tiempo, probablemente nos originarán problemas. Una respuesta habitualmente respetuosa por parte de nuestros padres, como firmeza al encauzar un berrinche, comprensión de lo que hay debajo y consecuencias proporcionadas a nuestra conducta, nos enseñan a regular ese impulso y llegaremos a ser capaces de pensar mientras estamos enfadados, e incluso a ser sensibles al efecto que nuestro enfado produce en el otro. Sin esta regulación, quizá tengamos arrebatos de mal genio en los cuales resultaremos ofensivos o hirientes, y tras los cuales puede que nos sintamos culpables o, para eludir la situación, les quitemos importancia diciendo que no es para tanto o no era nuestra intención decir eso, o directamente culpemos a otros. Si hay personas cercanas que nos aceptan y disculpan nuestras significativas salidas de tono, no es algo que debamos valorar positivamente (los demás no están en el mundo para aguantar que les hagamos daño), sino que debe preocuparnos qué tipo de relación tenemos con ellas. Como ya hemos visto, aceptar y entender no equivale a disculpar, y eso también rige para nosotros. Si nos damos cuenta de esto, seremos conscientes de que nuestra reacción desbocada termina por generar justo lo que más nos dolió recibir: rechazo o alejamiento.

 ## Ayudar a crecer

Que un aspecto de nosotros se exprese de modo desajustado no significa que, en esencia, sea negativo. Si el enfado se nos desboca, seremos menos efectivos y arrasaremos con todo, pero si conseguimos ajustar su volumen y manejar esa energía de manera productiva, nos dará firmeza para conseguir lo que queremos y para frenar los excesos, sin generar un daño innecesario en los que nos rodean. Si tenemos una pelea interna con algún rasgo de nuestro carácter o con alguna emoción, aprender a mirar esta faceta de quienes somos con aceptación, incluso con cariño, forma parte del proceso de cambio. Si nos miramos con comprensión, y nos ayudamos a evolucionar, nuestras reacciones se ajustarán y equilibrarán. Esto hará que más personas nos muestren su aceptación, incluso su reconocimiento, cuando esas reacciones se manifiesten.

El **cambio** que necesitamos debe ser tanto interno como externo. Aprendamos a mirarnos como hubiéramos necesitado ser mirados, a regularnos como nos hubiera hecho falta desde el principio. Estamos a tiempo de recuperar el trabajo pendiente. Necesitamos tener paciencia, porque aprender cuesta, y seguramente tendremos ya muchos vicios adquiridos. La ruta para este cambio puede tomar elementos de nuestro alrededor que nos hayan servido. **Las personas que, a pesar de todo, nos han aceptado y querido son modelos para aprender a aceptarnos nosotros mismos.** Quienes sacan partido de estilos de carácter como el nuestro nos muestran que esos rasgos no son necesariamente un problema, sino que llegan a convertirse en recursos cuando aprendemos a modularlos.

Entre los aspectos que rechazamos de nosotros mismos no está únicamente la rabia. A menudo, tienen que ver con una tristeza que se censuró como debilidad, con el miedo que hizo que nos llamaran cobardes, con nuestra orientación sexual, con nuestro sobrepeso o algún otro rasgo físico, con nuestra neurodivergencia, con nuestros gustos, o con muchas otras cosas. Los que nos rechazaron no siempre fueron necesariamente nuestros padres, también pudieron ser parejas, compañeros de colegio, amigos, profesores o personas significativas que nos rodearon mientras se configuraba nuestra personalidad y la forma en la que nos vemos. En cualquier caso, el camino pasa por reconciliarnos con esos aspectos rechazados.

Pienso en algo de mí que rechazo

↓

¿Cómo lo vería en alguien a quien quiero?

↓

¿Conozco a alguien que incluso acepte eso de mí?

↓

¿Conozco a alguien que maneje bien un rasgo así?

↓

¿Cómo puedo modelar ese aspecto para sacarle partido?

Preguntémonos, con la ayuda del esquema anterior, si podemos mirar de otro modo algún rasgo de nosotros que habitualmente rechazamos. Observemos cómo podemos regular ese rasgo para sacarle partido. Apuntemos todo lo que se nos ocurra en nuestra Libreta de Recursos Nutritivos, seguro que nos ayudará cuando lo necesitemos.

Parte 3

DEJAR EL REFUGIO INTERIOR

Que no se perciba mi fragilidad

Verás, yo lo que intento es ser fuerte.
Cuando estoy enfadado, me siento más fuerte.
Cuando empujo, me siento más fuerte.
Cuando soy el que se sale con la suya,
me siento más fuerte.
Cuando domino, me siento más fuerte.
Pero ¿sabes una cosa?
Lo cierto es que no soy fuerte.
Soy una espora.
Aquí, dentro, está mi parte vulnerable,
pero ahí también es donde más duele.
No te lo voy a enseñar.
No lo quiero abrir.
No lo quiero mirar.

A los niños no siempre se les permite ser niños. Se les piden cosas que, por su edad, no están aún en condiciones de hacer. Está muy bien que coman un filete, pero dárselo a un bebé de un mes llevará a que se atragante y, aunque pudiera tragarlo, su estómago no sería capaz de digerirlo. Así que a veces el problema no viene de lo que se le da al niño o de lo que se le pide, sino de que esas cosas no encajan con el momento del desarrollo evolutivo en el que está.

Un ejemplo es el empeño actual en la «estimulación precoz». El que el *marketing* de algunas marcas haya decidido que nombres como «Baby Mozart» o «Baby Einstein» son buenos reclamos lo demuestra. Muchos padres están felices de que a sus hijos los diagnostiquen con «altas capacidades» (un tema sobre el que habría mucho que comentar) y dejan a un lado las complicaciones que esto puede suponer para el niño. Se apunta a los chicos a múltiples extraescolares, a menudo por dificultades de conciliación, es cierto, pero también para estimular presuntos talentos musicales, artísticos o deportivos, lo que está generando niños que parecen ejecutivos estresados. Aunque se suele hacer pensando en el interés del niño, conviene recordar que **más no es necesariamente mejor.**

En ocasiones, son las circunstancias las que empujan a los niños a actividades o preocupaciones que los sobrepasan. Las dificultades económicas en la familia, que los padres tengan jornadas laborales muy amplias o la aparición de enfermedades importantes en alguna de las personas con las que convive, por ejemplo, pueden suponer que el niño tenga que ocuparse de tareas domésticas o del cuidado de los adultos. Si bien es positivo que el niño colabore en casa, todo depende de la tarea y la responsabilidad que suponga, y de la edad en la que tenga que asumirla. Si un niño debe ocuparse de sus hermanos, mal que bien lo hará. Sin embargo, es posible que, cuando él mismo y sus hermanos crezcan, la responsabilidad se le haga complicada. Quizá siga cargando con más de la que le corresponde, o quizá lo sobrepase. Sin embargo, estas situaciones a las que a veces la vida empuja a las familias no son las que tienen un efecto más negativo, ya que no se derivan de una intención específica de los adultos.

Un caso más grave es cuando los padres jalan al niño, y buscan en él un confidente, alguien que los calme o anime cuando están mal, o le demandan algo que sería normal pedir a otro adulto pero que no es apropiado para un niño. Ocurre, por ejemplo, cuando uno de los progenitores deja el hogar y el hijo pasa a ocupar su lugar con el que se queda en casa, haciendo las funciones de una pareja. El padre o madre le cuenta al hijo sus disgustos y preocupaciones, se apoya en él para diversos temas, o le consulta la toma de decisiones. Aquí se cambian los papeles, la madre/el padre se convierte en el que recibe atención y cuidados, y el niño pasa a ser el que los da. Esta inversión de papeles es el mundo al revés y, en función de la gravedad, puede suponer un problema importante para el desarrollo emocional del niño. Incluso llevará a que, cuando sea adulto, se sienta siempre con la responsabilidad de que todo el mundo esté bien, un peso demasiado grande para que una sola persona lo lleve sobre los hombros.

También es posible que, cuando los cuidadores son fríos o autoritarios, se trate a los niños con mucha exigencia. El deber está por delante de todo, y disfrutar o perder el tiempo no está contemplado. Lo hemos comentado en otros capítulos. Si se le pide al niño que sea fuerte, que sacrifique o ignore sus necesidades, puede desconectarse de ellas, con todo lo que esto implica. Determinadas actividades, como el entrenamiento deportivo de alta competición o el aprendizaje musical de alto rendimiento, suponen un arduo trabajo de muchas horas al día en el que el niño deberá alcanzar la perfección o, al menos, esforzarse duramente para llegar a ella. Y esto es un problema potencial, porque el perfeccionismo y la sobreexigencia son factores de riesgo para desarrollar distintos problemas de salud mental como las obsesiones, la ansiedad o la depresión.

Entrar sin pelear

Mirar nuestra historia y entender el origen de lo que sentimos y nos sucede es, como hemos dicho ya, fundamental para hacer cambios. Lo mismo ocurre con nuestros problemas. Si hemos interiorizado que «el deber está antes que el placer» o que resulta imprescindible llegar «a lo más alto», empezar a ver estas ideas como creencias disfuncionales y no como verdades absolutas es esencial. Vamos a necesitar toda nuestra motivación para aflojar la exigencia, porque, cuando lo hagamos, nos sentiremos seguramente culpables o, como poco, incómodos. Si hemos crecido teniendo que ocuparnos de los adultos que nos rodeaban o de nuestros hermanos, si nos sentíamos responsables de calmarlos o animarlos, darnos cuenta de que ahora cada uno es responsable de lo que hace con sus emociones y de sus decisiones nos puede hacer sentir egoístas o desconsiderados. No es fácil dejar ir creencias tan arraigadas.

De hecho, es probable que peleemos para defender esas creencias. Muchas personas que han sobrevivido a historias difíciles teniendo que anular sus necesidades, salir adelante y «ser fuertes» se aferran a ello como si fuera el mejor modo de ir por el mundo. La otra alternativa significa ser débiles, piensan, y eso implica ser rechazados o estar en riesgo. Quizá fuera así en el pasado, cuando esas creencias se generaron, pero ahora, en otros contextos y teniendo nosotros una edad diferente, son un lastre. Entrar sin pelear significa aquí **soltar estas convicciones, permitirnos dudar y evolucionar**, y pararnos a reformular nuestro modo de funcionamiento.

Todos tenemos un lado fuerte y otro vulnerable. Imaginemos ahora una reunión simbólica con ambos:

- Primero, invitemos a **nuestro lado fuerte.** ¿Qué aspecto tiene? ¿Se parece a alguien? ¿Lo que dice nos suena familiar?

- Dediquemos un minuto a entenderlo: seguramente cuando nuestro lado fuerte empezó a funcionar así, lo hizo como forma de adaptación. Por ejemplo, nos machacábamos para parecer una persona perfecta y así no recibir críticas, o nos obligábamos a portarnos bien y que así los adultos nos regalaran sonrisas.

- Demos las gracias a nuestra parte fuerte por tratar de ayudarnos. Tomémonos unos minutos para hacerlo.

- Pensemos si es importante que nuestro lado fuerte evolucione. Quizá nos convenga aflojar un poco. O quizá nos ayude actuar sin tanta crítica, con otro estilo, animando más que cuestionando. Enseñémosle a nuestro lado fuerte modelos que nos gusten en este sentido para darle ideas. Y digámosle que confiamos en que puede crecer y evolucionar.

- Invitemos ahora a **nuestro lado vulnerable**. ¿Cómo lo vemos? ¿Qué aspecto tiene? ¿Qué nos surge cuando lo observamos? ¿Podemos mirarlo con ternura? Si no es así, imaginemos a alguien a quien queremos (un niño, un animal, una persona): ¿cómo lo vemos?, ¿qué sentimos? Volvamos esa mirada hacia nuestra parte vulnerable: ¿qué cambia?, ¿cómo podemos darle (darnos) lo que necesitamos?

- A continuación, observemos con atención **nuestros dos lados a la vez.**

- ¿Entendemos por qué es positivo ser débil? Sin una buena conexión con nuestra debilidad, no notaremos lo que necesitamos y, por tanto, no lo buscaremos, no lo pediremos, no lo sabremos recibir.

- ¿Entendemos por qué es bueno ser fuerte? Sin este lado, no sabremos pelear por lo que necesitamos ni frenar a los que nos pueden dañar.

- Miremos ambas partes y digámonos: «Soy fuerte y vulnerable, soy débil y fuerte a la vez. Las dos cosas son positivas, yo soy ambas».

- ¿Cómo nos suena? Es importante trabajar en el equilibrio, sin escorarnos hacia un lado u otro. Sin estas dos partes, nunca estaremos completos y no podremos cuidarnos, protegernos y relacionarnos plenamente.

• • • • •

Aprender a ver

Toca entonces, en primer lugar, **entender las ventajas de conectar con nuestro lado vulnerable**. Ahí están nuestras necesidades, e ignorarlas es como anular la sensación de hambre o de sed. Además, desde nuestro lado vulnerable es desde donde podemos conectar a un nivel profundo con otras personas. No con todas, por supuesto, solo con aquellas en las que hemos aprendido a confiar. Nuestras relaciones más íntimas se establecen con aquellos con los que sentimos que podemos mostrarnos vulnerables. Sin este tipo de relaciones, nos perderíamos lo más interesante de la vida.

En segundo lugar, debemos permitirnos sentir las sensaciones asociadas a este lado, tanto las desagradables (tristeza, miedo, vergüenza) como las agradables (ternura, afecto, cariño). Si nunca nos las hemos permitido, todas ellas nos pueden resultar incómodas inicialmente y tenderemos a salir de ellas enseguida, negando las primeras, con frases como «no me afecta», y descalificando las segundas como «ñoñerías». Todo es cuestión de práctica, de dejarnos estar en esas sensaciones, de tomarles gusto poco a poco. Si somos autoexigentes, no nos resultará difícil ser sistemáticos en esta tarea, pero debemos estar convencidos, porque supondrá nadar contracorriente. Con el tiempo, los cambios se asentarán en nuestro interior y surgirán nuevas formas de funcionar de modo natural y sin esfuerzo.

 **Ayudar a crecer**

Una vez que hayamos avanzado en la reconciliación con nuestra vulnerabilidad, y también con nuestras limitaciones y debilidades, el siguiente paso consiste en ver su valor como puente hacia los demás. Si hemos ido siempre con el escudo en alto, es normal que ahora sintamos vértigo. Dejar que vean nuestro lado blandito nos hará sentir expuestos, pero esa es la idea. No se trata de hacerlo de repente, ni por completo, y mucho menos con alguien a quien apenas conocemos. A veces, cuando nos planteamos cambios de este tipo, en lugar de ver un proceso gradual, nos imaginamos un salto en el vacío hacia el otro extremo y todos los problemas que anticipamos en él. Probablemente nos imaginemos que, al mostrar lo que hay en nuestro interior, el otro lo utilizará para desgarrarnos y aplastarnos, y nos convenzamos de que esto sucederá sin duda alguna. Y es innegable, incluso aquellos en los que confiamos nos pueden traicionar. Por suerte, no siempre es así y, cuando ocurre, no en todas las ocasiones sucede de modo grave. Hablaremos de ello más adelante. Si no dejamos que nuestros temores nos cieguen, empezaremos a ver los beneficios de **conectar desde la vulnerabilidad** y disfrutaremos las sensaciones que nos aporta. Las relaciones que funcionan a este nivel de profundidad son las más enriquecedoras, y nos hacen fuertes frente a los posibles reveses mucho más de lo que estos nos puedan debilitar. Además, una buena relación con nuestra debilidad nos hará notar enseguida cuándo algo va mal, y nos ayudará a saber medir hasta dónde implicarnos con cada persona y en cada momento. Así que, finalmente, si lo pensamos bien, la debilidad nos protege. A veces, los fuertes aguantan demasiado.

Niebla y cajones

Las emociones abrumadoras que generan las experiencias difíciles como la ausencia y el abandono nos pueden desbordar. Cuando, además, no tenemos a quien acudir en busca de comprensión, consuelo o abrazos, nuestro cerebro nos ayuda con la disociación, es decir, nos desconecta de esas emociones «anestesiando» nuestro cerebro o formando compartimentos en los que guardar lo que no podemos asimilar.

Si debemos desconectarnos de nuestras emociones una y otra vez, la niebla puede instalarse de forma permanente. Conectar con los recuerdos puede generarnos la sensación de «estar idos», como si nuestra cabeza fuera una nube o se aplanaran nuestros sentimientos. Podemos sentir mareo, que nos venimos abajo, que el suelo se abre bajo nuestros pies, que salimos de nuestro cuerpo o que dejamos de notarlo. A este tipo de disociación lo llamamos **despersonalización**.

De tanto desconectarnos de nosotros mismos, a veces una parte de nuestra mente se queda en lo que duele. Es una parte que nadie quiere ver, que a nadie le gusta. Así que procuramos alejarnos de ella, pero en ocasiones algo nos hace conectar de nuevo, y entonces es un agujero negro, un abismo. Se nos hace imposible pensar en todo aquello. ¿Realmente pasó? Así que lo empujamos de nuevo hacia abajo, hacia dentro, lo dejamos a cargo de nuestro lado oculto, y por fuera aparentamos que todo está bien. A este otro tipo de disociación lo llamamos **compartimentalización**. Cuando hemos añadido capas y capas, unas sobre otras, quizá ya no recordemos qué guardamos en esos compartimentos ni qué significó, pero todas esas memorias siguen ahí.

Los recuerdos quedan así almacenados de una forma confusa, inaccesibles. Pueden asaltarnos de repente, inesperadamente, o revolverse todas las sensaciones que los rodean cuando algo nos conecta con esas memorias. Para resolver estas experiencias, debemos aprender a movernos entre la niebla, a sacar cosas de los cajones y ponerlas encima de la mesa. No es una tarea fácil, pero podemos lograrlo. El primer paso es ser conscientes de todas las capas que rodean a los recuerdos, para luego quitarlas una por una.

Si las experiencias difíciles que hemos vivido no vienen espontáneamente a nuestra mente (o hemos tenido buen cuidado de no pensar en ellas), podemos hacernos a la idea de que no ocurrieron. Y si se almacenaron asociadas a experiencias de despersonalización como las que explicamos antes, o suprimimos y aplastamos la emoción, quizá nos hayamos desconectado tanto de la experiencia que no nos parece nuestra. En esos casos, podemos decirnos que no pasó, que nos lo estamos inventando o no fue para tanto. Con estas frases apartamos los retazos de sensaciones, imágenes difusas o pensamientos que a veces se asoman bajo la alfombra con la que los hemos tapado. Con el tiempo, a base de no pensar en ellos, podemos funcionar *como si* no hubieran ocurrido.

Es cierto que **los recuerdos nunca son transcripciones literales de la realidad**, la memoria no funciona como una grabadora. Basta con compartir con un amigo los recuerdos de una experiencia antigua para darnos cuenta de que nuestras versiones de una misma situación pueden ser radicalmente diferentes. El neurocientífico estadounidense Charan Ranganath explica, en su libro *Por qué recordamos*, que los procesos de imaginar y recordar están estrechamente relacionados. La emoción subraya lo importante de un recuerdo, haciendo que nos fijemos en unos detalles u otros y conservemos algunas imágenes que nos resultan más significativas. Lo importante no es forzarnos a recordar todos los detalles, porque si estamos en un nivel alto de desbordamiento o decaimiento, puede que ni siquiera los hayamos registrado bien. Lo esencial es entender que estas experiencias tuvieron un impacto emocional en nosotros, e ir dándoles significado, uniendo las piezas que tenemos con las que vamos encontrando, para empezar a convertir el caos en una narración coherente. Pero esa historia nunca será una transcripción literal de lo que pasó. Como toda buena novela, hay múltiples espacios, diálogos, argumentos, conflictos y desenlaces. Se trata de entender nuestra historia.

Entrar sin pelear

Algunas personas que acuden a consulta describen este tipo de dificultades para recordar, y piden que las ayudemos a investigar qué pasó exactamente. Pero intentar «derribar» las barreras que, sabiamente, la memoria ha puesto ahí no es una buena idea. Si son memorias bloqueadas, pelear contra un bloqueo equivale a jalar fuerte los cabos de un nudo: lo apretará aún más y hará que resulte más difícil deshacerlo. Si algo en lo que pasó nos resultó inasumible, es importante **trabajar en asimilarlo cuando estemos fuertes y tengamos recursos para manejarlo.** De hecho, mi experiencia en terapia es que, cuando nuestro cerebro percibe que estamos listos, los recuerdos comienzan a llegar por sí solos. Unas veces, son pinceladas que se quedan ahí, pero poco a poco podremos situarlas en un cuadro con sentido. Otras, son piezas de un rompecabezas que se unen para dibujar escenas. No importa. Lo importante es que las cosas se colocan en su sitio cuando es el momento para ello. Muchas veces, hasta que no salimos de una situación compleja, no solo física sino emocionalmente, el piloto automático que nos ayudó a salir adelante no se desactiva, y tampoco nos podemos permitir el lujo de pararnos a evaluar los daños. No es infrecuente que los recuerdos que almacenamos vuelvan justo cuando todo está mejor, aflojamos un poco la presión y, precisamente, tenemos ya la energía y la posibilidad de poder pararnos a resolverlos.

Investigar sobre un recuerdo borroso o bloqueado también tiene otros riesgos. Podemos empezar a elucubrar, a sacar cosas de contexto y extraer conclusiones equivocadas. Hace tiempo, una paciente a la que atendí en mi consulta quería trabajar el maltrato de su padre hacia su madre cuando ella era niña. Le parecía que faltaban piezas en el rompecabezas y quería entender mejor, pero acordamos no darle vueltas. Empezamos a trabajar con la terapia EMDR (orientada al trauma)[1] en un recuerdo que sí tenía muy nítido, en el que su madre les contaba a ella y sus hermanos pequeños todas las cosas que su esposo le hacía. Esta mujer fue conectando espontáneamente con otras memorias y se dio cuenta de que ella nunca había presenciado esas situaciones. Solo recordaba a su padre pendiente de su madre, disculpando ante ellos las muchas veces en las que su esposa se metía en cama o se le veía alterada. Después, la mujer fue tomando conciencia de que su madre tenía un trastorno mental por el que había ingresado varias veces, y recordaba a su padre intentando convencerla de que tomara el tratamiento. También le vinieron momentos en los que su madre les contaba, con la misma insistencia, que el resto de la familia quería quedarse con su dinero y que la vecina de arriba hacía ruido a propósito para molestarla. El recuerdo inicial no era una prueba del maltrato de su padre, sino de los delirios paranoides de su madre. Al hablar esta con la convicción típica de un estado psicótico, los niños lo vivieron como algo incuestionable. Cuando todas las piezas estuvieron sobre la mesa, conseguimos darle un sentido global al conjunto, algo que no habríamos logrado si, para empezar, hubiéramos dado por cierto que su padre maltrataba a su madre. Debemos darnos el tiempo que necesitemos, y no forzar que recuerdos o sensaciones aisladas encajen en una explicación.

 ## Aprender a ver

A menudo, nos empeñamos demasiado en poder ver con claridad en las zonas borrosas. Este esfuerzo no nos deja ver lo que realmente está a nuestro alcance, lo evidente, lo obvio. Por

---

[1] Para los interesados, explico más sobre la terapia de desensibilización y reprocesamiento por movimientos oculares (conocida como EMDR, por sus siglas en inglés) en mi libro *Las cicatrices no duelen*.

ejemplo, si existen lagunas en nuestra infancia, hay una cosa que está muy clara: lo que ocurrió ahí **no fue culpa nuestra.** La responsabilidad plena la alcanzamos de adultos, cuando tenemos la capacidad de decisión y los recursos para ponerla en práctica. Los adultos debemos asumir las consecuencias de lo que hacemos y de lo que no hacemos, y también ocuparnos de los niños que están a nuestro cargo. Somos los adultos los que debemos proteger a los más pequeños de los peligros del mundo y cuidarlos, sobre todo cuando están mal.

Si algo que nos pasó siendo niños fue tan complejo que nuestra mente no pudo terminar de procesarlo, aun antes de recordarlo por completo podemos estar seguros de que no fue culpa nuestra ni tenemos nada de qué avergonzarnos. En algunas ocasiones, los niños viven experiencias negativas debido a un daño premeditado procedente de personas mayores, a su falta de vigilancia sobre la interacción con otros niños o a una atención insuficiente. La responsabilidad está en los individuos adultos y en la estructura social, y ambas cosas, desgraciadamente, fallan con frecuencia. Pero los niños, que por el funcionamiento de su mente se ven aún como el centro de todo lo que ocurre a su alrededor, se culpan y se avergüenzan de lo que les sucede, sin plantearse poner en los mayores la responsabilidad sobre ello. Solo podemos entenderlo cuando ya somos adultos.

Es bastante común encontrarnos en terapia con personas que tienen la sospecha de haber sufrido un abuso sexual en su infancia, y buscan saber si fue así o no. Suelen tener imágenes sueltas o difusas, sensaciones corporales o una intuición que no saben descifrar. Lo que explicaba en el párrafo anterior es perfectamente válido para estas situaciones. Resulta frecuente que un niño que sufre abuso sexual sienta culpa, vergüenza y asco hacia sí mismo y hacia su cuerpo, junto a dosis variables de miedo, tristeza e impotencia. Es frecuente, comprensible, pero no lógico. Quien tendría que sentir vergüenza es el adulto que utiliza a un niño para algo así (en la ley está muy claro quién tiene la culpa), y no hay nada malo ni sucio en el cuerpo que sufre el abuso, únicamente en la mente del abusador. De hecho, esas emociones, de las que el adulto que abusa no se hace cargo, son muchas veces absorbidas por la víctima infantil, a la que le cuesta cuestionar la situación. Sin embargo, si pensáramos en cualquier otro niño, lo veríamos muy claro: el niño no es jamás, en modo alguno, el problema.

Sabiendo esto, discriminar qué pasó deja de ser tan importante. Si sufrimos un abuso en nuestra infancia y el recuerdo está bloqueado, ya sabemos lo esencial: la culpa, la vergüenza y el asco no nos corresponden, pues éramos solamente niños. Si las imágenes o sensaciones que notamos tienen otra explicación, ya se irá viendo. Es tan importante no obsesionarnos con que sí ocurrió, como lo es no empeñarnos en que no puede ser verdad. Si sucedió, puede afrontarse y resolverse al igual que cualquier otra experiencia, de modo que puede desbloquearse y dejar de hacer daño. Si no pasó, nuestras sensaciones irán cobrando sentido y acabaremos teniendo la explicación que buscamos.

En muchos casos, y volvemos de nuevo a la temática de este libro, las emociones y sensaciones más difíciles (que están en la base de la despersonalización y la compartimentalización) tienen que ver más con lo que no pasó que con lo que pasó. Lo más terrible es que te suceda algo sin que nadie te proteja, contenga o consuele. Incluso en el ejemplo anterior, muchas veces lo peor para las personas que sufrieron un abuso dentro de su propia familia en su infancia no es el abuso en sí, sino la falta de respuesta de los que estaban alrededor. Lo que les angustia profundamente es que no lo vieran, que no les creyeran o que no hicieran nada. Y aun sin producirse asociadas a estas situaciones, el abandono y la ausencia están entre las experiencias emocionalmente más difíciles de sobrellevar, y nos dejan dentro sensaciones de desamparo, de frío o de vacío, con las que no es nada fácil lidiar.

Las cosas más inasumibles (tanto las que ocurrieron como las que faltaron) son las que tienen lugar en el espacio que tendría que ocupar la ternura. Por eso, asimilar lo que no pasó es lo más complicado, porque ¿cómo se asimila la nada? Veamos cómo ayudar a que crezcan cosas agradables en esos vacíos.

 ## Ayudar a crecer

Imaginemos que en nuestra casa hay un cajón cerrado cuya llave no encontramos, pero también tenemos goteras, enchufes que no funcionan y un cristal de la ventana roto. Además, la casa es un caos y todo está en desorden. Entonces, ¿por dónde empezamos? Si nos obsesionamos por abrir el cajón y dejamos de lado las cosas urgentes y necesarias, los otros problemas pueden aumentar y nuestra casa llegará a resultarnos poco habitable. Parece más aconsejable reparar los desperfectos antes de que la cosa se complique, poner todo en orden y dejar el cajón para más adelante. Es muy probable que, cuando movamos algún mueble para limpiar a fondo bajo él, aparezca la llave y podamos abrir el cajón sin esfuerzo. En el camino, lo que hay en el cajón dejará de ser tan importante, porque iremos encontrando muchas cosas interesantes, y nuestro hogar será ya mucho más funcional. Además, cuando abramos el cajón con la llave, sin necesidad de pelearnos con la cerradura, podremos explorar su contenido de manera mucho más natural y no habrá hecho falta generar desperfectos.

Del mismo modo, si hay etapas vitales o recuerdos de acceso complicado y tenemos muchos más asuntos de los que ocuparnos, ¿por qué empezar justo por lo más difícil? Si resolvemos nuestros temas más sencillos en primer lugar, nos encontraremos mejor y tomaremos fuerzas para ese viaje. Con frecuencia, he visto cómo, una vez que el cerebro comienza a funcionar mejor, todo se empieza a conectar y las cosas cobran sentido. Entonces los recuerdos se aclaran de un modo mucho más natural, y también se resuelven con menor esfuerzo. Es importante plantearnos esto desde la calma: nada de lo que guardamos en cajones cerrados será inasumible cuando los abramos, porque la situación ya formará parte del pasado y la miraremos desde otro lugar. **Cualquier experiencia, por dura que sea, puede ser asimilada y resuelta.** No es una frase hecha, lo digo porque he visto a muchas personas hacer ese recorrido.

Entretanto, sembremos. Puesto que el aprendizaje requiere repetición, retomemos algunas de las semillas que esparcimos a lo largo del libro. Vayamos a nuestra Libreta de Recursos Nutritivos y retomemos algunas de ellas:

- Aprender a no pelear con lo que sentimos, con los recuerdos y con las cosas.
- Recordar a las personas por las que sentimos agradecimiento.
- Dar las gracias a nuestra parte fuerte y a nuestra parte vulnerable.
- Cuidar nuestras sensaciones.

· · · · ·

Hagamos ahora un nuevo ejercicio. ¿Se nos ha removido alguna sensación mientras leíamos este capítulo? ¿Alguna nos ha costado? Observemos qué notamos ahora al pensar en ello, localicémoslo en el cuerpo y coloquemos una mano sobre esa zona. Notemos cómo esa mano cuida la sensación. Mientras lo hacemos, repitamos una y otra vez, durante unos minutos, esta frase: «Me cuido mientras siento esto».

Observemos ahora nuestra sensación: ¿ha cambiado?, ¿se ha movido?, ¿sigue ahí? En cualquier caso, volvamos a poner nuestra mano sobre el lugar donde la notamos ahora y, durante unos minutos, sigamos diciendo: «Me cuido mientras siento esto».

Repitamos este ejercicio tantas veces como queramos. Observemos qué sensación sentimos cada vez, movamos la mano a la zona donde la notemos y dediquémosle esa frase.

El objetivo es asociar cualquier sensación a la idea de cuidar de ella. Este ejercicio es particularmente importante con los recuerdos de ausencia y abandono, porque nos ayuda a sembrar en el núcleo del vacío que sentimos.

Salir del refugio

Cuando vivimos situaciones traumáticas durante demasiado tiempo, el único refugio que encontramos se halla dentro de nosotros mismos, en un lugar muy adentro, lejos de los recuerdos, de las emociones inasumibles, del dolor. Si el único lugar en que encontrábamos seguridad era nuestro refugio interior, salir de nuevo a la vida puede hacerse extremadamente difícil.

Este lugar está rodeado de muros hechos de emociones complejas. Como no nos atrevemos a mirar, crecieron mucho. A veces, estos muros son de miedo y nos llevan a evitar peligros muchas veces inexistentes. A veces, son de ira y nos hacen enfrentarnos a enemigos que no tienen nada en contra nuestra. A veces, son de desprecio y etiquetamos a otros como indignos o falsos. Si nos asomamos por encima de los muros, cualquier elemento diminuto nos vuelve a empujar adentro. Afuera no hay nada, porque no hemos andado por el espacio exterior, no hemos sembrado en él, no hemos hecho conexiones. Quizá sintamos que esos muros son lo único que nos queda. La fuerza que nos empuja hacia dentro está hecha de desesperanza (nos decimos «nada será como antes» o «es imposible»), y cuando ocurre algo malo, aunque sea de poca envergadura, lo tomamos como prueba de que afuera siguen habitando los peligros y el dolor que nos llevaron a replegarnos.

Miedo	Ira	Desprecio
· «Todo es peligroso» · «Afuera hay que estar alerta»	· «La gente me quiere perjudicar» · «Afuera hay que disparar primero»	· «La gente es falsa, interesada» · «Afuera me tienen envidia»

Para fingir que vivimos, mientras estamos atrincherados ahí dentro, se desarrolla en nosotros un autómata, un yo mecánico que hace lo que se supone que debemos hacer, que sonríe cuando toca, que emite palabras y parece escuchar.

Ese refugio interior es dañino, pese a que nos decimos «estoy mejor así» y «para qué salir... total, para lo que hay afuera», y en el fondo lo sabemos. Nos ocultamos en él más y más para desconectarnos, porque, aunque sus paredes sean gruesas, de vez en cuando se cuelan los fantasmas de las experiencias pasadas y los temores sobre el futuro. Esa deriva hacia dentro nos puede llevar a desconectarnos de la vida misma, a huir de todo, incluso de nuestro propio cuerpo.

Retirarnos a los cuarteles de invierno tiene sentido como un modo de descansar, exponernos menos emocionalmente y reservar energía para tiempos mejores. El problema es que, si esto se alarga, este lugar puede empezar a hechizarnos. Como es un refugio de desconexión, no nos permite darnos cuenta de cuánto frío hace en él, de la soledad profunda en la que nos deja y de la alta factura que eso nos pasa. Las sensaciones de afuera, la conexión, el disfrute, la vida, no se paladean porque están del otro lado del miedo, y por ello no nos llaman para salir.

Si hemos tenido la ocasión de estar conectados con otras personas y con las cosas que valen la pena, sabremos que todo eso está ahí afuera, aunque nos entren dudas y nos preguntemos si habrá desaparecido lo que nos unía al mundo. Sin embargo, cuando nos toca crecer en entornos duros, el refugio se convierte en nuestro hogar, nuestro «lugar seguro». Cuando hacíamos un pequeño intento de buscar atención o afecto, nos veíamos ante un desierto o una pared. Cuando levantábamos las manos, nadie las sujetaba ni había nada a lo que agarrarse. Cuando llorábamos o gritábamos, no venía nadie. Así que aprendimos a no hacer ninguna de estas cosas. Salir al mundo, hacia los otros, si este es el caso, es una proeza, y solo puede hacerse desde un acto de fe, y desde esa parte de nosotros que no se ha rendido y que sigue luchando por tener lo que necesitamos.

 ## Salir sin pelear

Abandonar nuestro refugio interior no exige abrir la puerta de par en par y empezar a andar bajo el sol, basta con asomarnos un poco cada día. Es normal que nos peleemos un poco con la puerta. Por tanto, debemos entender que determinadas frases no son más que cerraduras que nos han mantenido aislados y a salvo, pero que ahora nos aprisionan. Algunas de estas frases definen este lugar como algo maravilloso («estoy mejor así», «aquí estoy tranquilo», «querría estar siempre así»), mientras que otras nos dibujan el exterior como amenazante y terrible («nada ni nadie vale la pena», «me volverán a hacer daño», «no hay nada para mí», «nadie me va a querer»).

• • • • •

Parémonos a notar las sensaciones que nos produce el aislamiento, observando cómo resuenan en nuestro cuerpo, mirando las emociones que hay bajo la superficie. Si las observamos, veremos que ahí dentro no se está tan bien, pero, para lograrlo, necesitamos practicar. Si tenemos claro que la soledad nos pesa, podemos prescindir de este ejercicio. Si, por el contrario, solemos decirnos que estamos mejor a solas, conviene que lo hagamos.

Utilicemos un cronómetro o el temporizador del celular para que mida un minuto, con sus sesenta segundos. Ahora, imaginemos que estamos a solas un día entero, sin ver a nadie. No consiste en pensar en las pocas ganas de salir que tenemos o en el malestar que nos genera pensar en lo de afuera. Se trata de visualizarnos completamente solos todo un día, de la mañana a la noche, conectando con la sensación de soledad. Activemos el cronómetro y pongamos una mano en nuestro pecho y la otra en el abdomen. Ahora, pensemos en esa soledad y percibamos la sensación que sentimos en el cuerpo, sin analizar nada. Al terminar el minuto, describamos cómo nos sentimos.

Cuando concluyen este ejercicio, muchas personas aseguran, frente a lo que afirmaban al inicio, que se notan inquietas, tristes o directamente angustiadas. Si pensamos en aquello que no pasó, aquellas personas que hayan vivido abandono, ausencias o pérdidas tuvieron experiencias de soledad. Y la soledad no buscada, especialmente en periodos sensibles de nuestra vida, no es una sensación placentera. Por mucho que nos hayamos anestesiado o que busquemos luego voluntariamente el aislamiento, el malestar asociado a esa sensación antigua sigue ahí. Recluyéndonos en nuestro refugio interior, acabamos, por los misterios que tiene la mente humana, en el peor lugar al que podríamos haber ido. Si nos hemos dado cuenta de que ir hacia la soledad no es una solución, sino un bucle, escribamos nuestras reflexiones en la Libreta de Recursos Nutritivos. Puede ser algo del tipo «tiendo a replegarme en mi soledad, pero sé, por experiencia, que ese no es un buen sitio; es importante aprender a buscar y aprender a sentir la conexión».

· · · · ·

Para darnos motivos que nos animen a salir del refugio, es importante refrescar el recuerdo de los momentos en los que hubo conexión, de las cosas de las que disfrutábamos, de los elementos valiosos de nuestra memoria. Estos recuerdos serán tenues al principio, nos costará evocarlos (y si lo conseguimos, se esfumarán enseguida), pero conviene que practiquemos, que los repasemos, hasta volver a tenerlos presentes.

Si apenas encontramos nada, imaginemos, soñemos lo que nos gustaría tener. Cuando leemos una historia o vemos una película, nos genera emociones; del mismo modo puede hacerlo nuestra imaginación. Es posible que duela un poco, que sintamos tristeza por no tenerlo ahora o por no haberlo tenido, pero no nos rindamos. Esa luz, aunque por ahora sea débil, nos guiará hacia fuera.

 **Aprender a ver**

El modo de salir de nuevo a la vida exterior es asomarnos a ella, sabiendo que, de vez en cuando, volveremos a replegarnos. Y cuando lo hagamos, abriremos las puertas con las piernas temblando y los ojos puestos en potenciales fuentes de daño. Como si saliéramos de una guerra apocalíptica, nos asomaremos para saber si todo terminó, pero cualquier ruido nos parecerá una se-

163

ñal de ataque y todas las pequeñas batallas cotidianas las experimentaremos con la dimensión de un conflicto masivo. Ahí, en ese momento, es cuando necesitaremos más que nunca una mano que nos sostenga y unos ojos que nos transmitan que todo está bien. Como lo que nos apartó del mundo fue probablemente un daño que provenía de otras personas, dejarnos ver y volver mirar a cada ser humano como alguien nuevo y único nos costará mucho. Pero, poco a poco, lo conseguiremos.

Cada paso que demos en el exterior, cada momento que disfrutemos de la luz, del aire, del calor de las relaciones, hará más fácil el siguiente intento. Al menos, si algo sale mal (y saldrá, pues la vida siempre es complicada) y volvemos a la casilla de salida, tardaremos menos tiempo en añorar lo que pudimos paladear o intuir fuera de nuestro refugio. Debemos **aprender a ver cada intento como parte de la solución**, y no como prueba de que no es posible. Nadie ha salido de una situación así leyendo una frase de autoayuda y teniendo una revelación repentina; es cuestión de paciencia y de dar pequeños pasos.

 ## Ayudar a crecer

Para que crezca lo de afuera, debemos entender que los cantos de sirena que nos llegan desde el refugio son solo residuos de nuestro tiempo allí. Nos diremos «¿quién me habrá mandado intentarlo?», «nunca lo conseguiré» o «estoy dañado para siempre» ante cada escollo, cada nueva herida o cada cuesta arriba. Debemos ser comprensivos con nuestra cabeza: le cuesta acostumbrarse al nuevo registro. La razón fundamental para seguir adelante es que no queda otra. O salimos a la vida o nos la perdemos, y sabemos que no tendremos oportunidades infinitas porque la existencia física tiene un límite temporal. Es importante aprovechar nuestro tiempo en ella.

Cosas que nunca te dije

*Las cosas que uno calla suelen ser
las más importantes.*

ISABEL COIXET,
Cosas que nunca te dije

Las palabras que no decimos son poderosas. Mientras no las pronunciamos, parece que lo que nombran no existe. Mientras no las escuchamos en alto, todavía podemos cerrar los ojos y negarlo.

Lo no dicho, como lo que no pasó, tiene un efecto potente que se puede manifestar de muchas maneras diferentes. Un ejemplo son los **secretos** y su efecto corrosivo en las familias y en las relaciones. Los grandes secretos familiares se pueden mantener durante generaciones, pero aun así muchas cosas están conectadas con esos huecos. El secreto genera alianzas poderosas entre los que lo comparten, vínculos pegados con culpa, vergüenza y miedo a los efectos desintegradores que supondría que la información viera la luz. Por otro lado, la información oculta genera sombras en la comunicación, silencios, cambios de tema, reacciones extrañas o desajustadas, miradas cómplices entre sus guardianes. Cuando los que están ajenos se mueven en direcciones que tocan con lo oculto, notan, sin saber por qué, algo confuso, algo que no encaja pero que no tiene palabras, forma ni significado. En ocasiones estas sombras pueden dar lugar a síntomas cuya causa es aparentemente inexplicable.

El secreto puede tener una finalidad protectora (creemos que la verdad hará daño), estar basado en una motivación (económica, moral, protectora) o relacionarse con la vergüenza que genera algo inconfesable. Pueden tenerse secretos por miedo a que dinamiten una relación o por consignas inquebrantables de mantener dentro de la familia los asuntos más reservados. Sería difícil decir si unos son más perjudiciales que otros. El poder de lo «no dicho» va mucho más allá de las razones que motivan el silencio.

En ocasiones, las palabras no dichas no son secretos, sencillamente **nos cuesta hablar de lo que nos pasó.** Es como si hablarlo lo hiciera real; como si mientras no lo mencionamos, todavía pudiéramos actuar como si no existiera, no hubiera pasado o no fuera tan grave. En ocasiones, las palabras no dichas son como un muro de contención para evitar que nos invadan emociones abrumadoras, y sentimos que abrir esa compuerta sería como dejar salir una avalancha que ya no podremos parar. Pasar por encima, no decir nada, lo mantiene todo en un limbo de indefinición que resulta terrible, pero que a la vez nos aporta un cierto nivel de control.

Estas palabras que no podemos pronunciar se quedan a veces detrás de los dientes, se acumulan en la garganta y en el pecho, y se convierten en nudos. Unos nudos que nos gobiernan, nos dominan y nos dictan. Nos atemorizan estos pensamientos, pero es mucho mayor el miedo a que tengan sonido y se hagan reales, porque, una vez que eso ocurra, ya no habrá marcha atrás y se desatará una serie de consecuencias que tendremos que asumir. Con el tiempo, irán generando corrientes subterráneas que saldrán a la luz contra pronóstico cuando algo o alguien abra la válvula: la experiencia de una persona capaz de hablar de algo similar (por ejemplo, en un reportaje en televisión), alguien que parece resonar con lo que sentimos y nos da pie para expresarlo, un libro, una canción, una película...

Otras veces, simplemente **se omite información.** Es muy típico que a un niño no se le explique un problema familiar, una enfermedad o una muerte, porque se cree que es demasiado pequeño y no podrá tolerar saber qué ocurre. Los niños, sin embargo, son como esponjas que absorben vibraciones extrañas, pero que carecen de la capacidad para darles sentido. Vienen a un mundo confuso, y se pueden mover en él porque alguien les ayuda a encajar las piezas, a desarrollar conceptos, a entender cómo funcionan las cosas, y también les explica cómo funciona su mundo interno. Por ello, los niños son mucho más sensibles que los adultos a los entornos caóticos. Los adultos sabemos que el mundo es complicado, y más aún lo son las relaciones y las personas. En la infancia necesitamos conceptos simples, claros, digeribles. Alguien tiene que dar significado a las cosas para que las entendamos.

Un video de YouTube mostraba esto de un modo muy gráfico. Un niño está mirando un partido de fútbol con su padre. Es muy pequeño, no tiene ni idea de lo que pasa en la pantalla. Sin embargo, como ve que su padre se entusiasma, el niño hace aspavientos de emoción y mira la televisión, fascinado. En un momento dado, observa que su padre se echa las manos a la cabeza porque le metieron un gol a su equipo. Así que el niño lo mira, pensando «¡ah, hay que disgustarse!», y se echa también para atrás con cara de tragedia. Es un ejemplo de un aprendizaje sin palabras, pues, aun sin decir nada, el adulto está transmitiendo y comunicando información al pequeño. No es cierto que los niños no se enteren, pero si los adultos hacen como que no pasa nada, interiorizarán que no hay que preguntar. Por supuesto, un niño necesita una explicación a su medida, que no lo sature, que no sobrepase su capacidad para procesarla, pero que a la vez aclare y defina las cosas que nota alrededor y las sensaciones que le producen, las emociones que ve en las caras de los demás y las que él mismo siente. Si esa lectura externa no llega al niño, es más fácil que ese material se le quede dentro sin elaborar, sin digerir. Y no, el tiempo no lo cura todo. Cuando se han formado nudos emocionales, deshacerlos requiere trabajar en ellos para hacer el trabajo pendiente: notar, poner nombre, comprender... y así poder soltar.

Soltar sin pelear

Las palabras pendientes pueden pronunciarse o recibirse después, y a menudo son lo que necesitamos para reparar nuestros vacíos. No digo con esto que todas las verdades deban ser dichas, o que todos los secretos tengan que ser ventilados a los cuatro vientos. Siempre hay muchos matices que tener en cuenta. Lo importante es que consideremos, no solo los potenciales efectos destructivos de desvelar una verdad oculta, sino también las consecuencias dañinas de mantenerla bajo llave. En ocasiones magnificamos lo primero: si decimos esto, la familia se destruirá, la relación se romperá o todo el mundo nos rechazará. Desde luego, generará movimientos, pero no siempre serán un tsunami. En ocasiones algunas personas pueden sorprendernos en positivo, o la reacción negativa de otras puede darnos más igual de lo que creíamos.

Lo ideal si vamos a comunicar una información oculta durante tiempo es que no nos formemos expectativas. Hay personas que se ilusionan con que, al soltar por fin lo que las atormenta, la respuesta de los demás será reparadora, y no siempre lo es. De hecho, si en su momento optamos por callar, seguro que fue por algo. Es importante que lo hagamos cuando nos sintamos fuertes, con distintas personas por separado, y escogiendo a quién sí y a quién no. Si hablamos con aquellas que probablemente no entenderán nada o no estarán dispuestas a asumir lo dicho, hay altas probabilidades de que encontremos incomprensión o rechazo. Debemos estar preparados.

Muchas veces, en mi consulta, he escuchado esta frase: «Le voy a contar algo que no le había explicado a nadie». Poder verbalizar algo difícil en un contexto seguro no produce una liberación inmediata, pero es el principio de la solución. Queda por delante un camino para entender la influencia de esa situación, aprender a contarlo a más personas (eligiendo bien a quién), deshacer con paciencia ese nudo (que, sin duda, será complejo) y dejar que, poco a poco, las heridas cicatricen.

Dejar de pelear con los secretos consiste, en parte, en mirarlos con comprensión. No es fácil llamar a las cosas por su nombre y ponerlas sobre la mesa. Hay que sopesar bien qué decimos (pensemos lo que representaría decir en voz alta todo cuanto se nos cruza por la cabeza). Aunque parezca paradójico lo que voy a afirmar, y más en este capítulo, la verdad está sobrevalorada y no siempre es lo más adecuado desvelarla. Quienes van con ella por delante y presumen de decir siempre lo que piensan cometen lo que un amigo mío llamaba un «sincericidio», pues, en ocasiones, la verdad hace daño. Si estamos de acuerdo con esta premisa, podemos comprender que determinar cuándo resulta positivo decir las cosas (y cuándo no) es una decisión nada fácil. Y siempre que tomamos una decisión, la posibilidad de equivocarnos está ahí. No nos torturemos por no haber dicho algo hasta ahora, pero permitámonos valorar de nuevo qué es lo mejor para nosotros.

 ## Aprender a ver

Las decisiones que llevaron a no contar no siempre fueron reflexivas, sino que la mayoría de ellas nacieron de la presión, de la vergüenza o de la angustia que no nos dejaba pensar. Por tanto, puede ser interesante replantearnos la cuestión, valorar las ventajas de seguir en silencio y los beneficios de hablar de ello. Como seguramente seguiremos sin ser demasiado realistas, nos puede ayudar ver la situación como si la viviera otra persona. Si una amiga tuviera una situación familiar oculta como la nuestra, ¿querría enterarse?, ¿le haría bien?, ¿asimilaría la realidad de la situación? Y si se planteara contar algo de lo que nunca había hablado, fuera lo que fuera, ¿la juzgaríamos?, ¿nos avergonzaríamos de ella?, ¿la entenderíamos?

Cuando ha habido muchos participantes en un secreto familiar y, al enterarnos, nos cuesta aceptar lo que ha pasado, comprender de qué manera llegó cada participante en la historia a comportarse como lo hizo nos ayudará. Entender no significa aceptar ni estar de acuerdo, pero mirar con curiosidad la mente de los demás siempre es beneficioso para nosotros.

Ayudar a crecer

El principal objetivo al trabajar con los secretos es hacer crecer la **confianza**, en nosotros mismos y en los demás.

Cuando se trata de secretos propios, necesitamos que la confianza crezca y nos anime a contarlos. Para ello, podemos empezar por aquellas personas que consideramos que nos la pondrán más fácil, a las que les iremos desvelando algunas partes. Veremos cómo reaccionan, e iremos decidiendo si completar o no toda la historia. Pero si decidimos no hablar de ellos, también es importante aprender a no torturarnos. En algunos casos, hablar con un terapeuta puede ser una buena opción, pues está fuera de nuestra vida, posiblemente tendrá una posición más objetiva y, además, sabrá cómo ayudarnos con nuestras dificultades.

Frente a los secretos que han tenido con nosotros, es normal que perdamos seguridad en nuestro criterio para juzgar de quién nos podemos fiar y de quién no, pues nos han ocultado información importante o nos han mentido. La duda se puede extender a todas las relaciones, y recuperar la capacidad de confiar puede ser un desafío complejo. La verdad y la mentira se han vuelto demasiado pesadas, demasiado importantes, e interfieren en cómo nos relacionamos. Por ejemplo, si alguien nos hirió al decirnos la verdad o al mentirnos, quizá no toleremos las mentiras inocentes, que los demás no nos informen absolutamente de todo o las medias verdades, pero muchas de estas cosas no son realmente dañinas, desde luego no tanto como aquello que nos dolió. Necesitamos integrar el tiempo de los secretos como un capítulo más de nuestra historia. Las historias de vida están hechas de fragmentos e incluso contienen hojas en blanco que únicamente con el tiempo podemos rellenar, siempre de modo incompleto.

¿Cómo pudiste?

Al final, no recordaremos las palabras de nuestros enemigos, sino el silencio de nuestros amigos.

MARTIN LUTHER KING JR.,
Discurso por los derechos civiles

La psicóloga e investigadora estadounidense Jennifer Freyd afirma que el elemento nuclear del trauma es la traición, el daño que viene justo de aquellos en los que creímos que podíamos confiar. Los seres humanos somos animales sociales, funcionamos en grupos de apoyo mutuo desde los que nos defendemos de «los otros», de los de fuera. Estamos preparados para las amenazas externas, y con este fin hacemos refugios relacionales: parejas, familias, amistades. Para lo que nunca estaremos preparados es para que el peligro proceda del interior de ese núcleo de seguridad. Cuando esto sucede, inevitablemente nos rompe, y ese dolor es profundo y difícil de asimilar porque cambia nuestro modo de estar en el mundo. ¿Cómo volver a fiarse de nadie después de eso?

La traición es algo que ocurre, es una cuchillada por la espalda. Pero **las mayores traiciones están hechas de lo que no pasó**: una verdad que no se dijo, un apoyo que no existió

171

cuando más lo necesitábamos, que no nos creyeran, que no fuéramos importantes para alguien significativo. Quizá tengan que ver con la falta de respeto, de gratitud, de reconocimiento, por parte de alguien que era importante para nosotros. A veces, cuando en un grupo humano (familia, grupo de amigos, compañeros de trabajo, etcétera) hay una figura hostil o abusiva, el mayor daño no siempre viene de lo que esta hace, sino de lo que las restantes personas no hacen. Es lo que sucede cuando uno de los padres es dañino y el otro no protege o apoya, cuando le contamos algo a alguien y duda de nosotros, cuando nos atacan mientras todo el grupo mira para otro lado. No podemos sentirnos traicionados por alguien de quien solo anticipamos hostilidad o rechazo, sino solo por aquellos de los que todavía esperamos algo. A veces, la traición viene de entidades como el gobierno que no nos protege como esperamos, el sistema judicial que decide contra lo que sentimos justo, el sistema sanitario que no nos cuida o cualquier institución que supuestamente está ahí para velar por la sociedad y sus individuos, pero no cumple. Esto se conoce como traición institucional.

Las preguntas que nos hacemos después de una traición se dividen en dos tipos: las que buscan una reparación y las que nos meten en una trampa. De las segundas, ya hemos hablado en este libro. Son esos «¿por qué a mí?» y «¿cómo es posible?» que en realidad son vueltas que nuestra mente da, como un helicóptero, para no aterrizar donde duele. Asumir que ha sido esa persona, precisamente esa, la que nos ha traicionado duele un mundo. Pero sin atravesar el dolor y abrazarlo, no hay posibilidad de resolverlo. Y todo empieza por decir «así ha sido, no hay vueltas que darle».

Existen otras preguntas que sí pueden ayudarnos. Son aquellas que no vuelven al punto de partida, sino que tratan de reflexionar sobre lo ocurrido. El mundo tal como lo conocíamos ha perdido sentido, y debemos desarrollar nuevos sistemas de significado. Necesitamos referencias que nos permitan hacer nuevas predicciones respecto a las relaciones humanas, pues las que teníamos (las que nos decían de quién podíamos fiarnos, a quién recurrir) están descatalogadas. Si entendemos qué pasó, qué motivó la conducta del otro, qué indicadores quizá habíamos ignorado, podremos actualizar el *software* con el que nos movemos por el mundo. Volveremos a caminar, y lo haremos siendo un poco más sabios. Para conseguirlo, necesitaremos un tiempo en el que dejemos suelto el dolor, cuidándonos las heridas y permitiendo que cicatricen. Si mantenemos vínculos que no están tocados por lo sucedido, nos ayudará tenerlos cerca. Sentir el calor de los que siguen a nuestro lado compensa la pérdida de la relación en la que se produjo el problema, a la vez que nos deja sentir que podemos continuar depositando nuestra confianza en otros. De hecho, en estas situaciones podemos encontrarnos con que algunas personas con las que no contábamos respondan positivamente, y eso siempre supone un interesante descubrimiento. Cuando el dolor haya disminuido, podremos recuperar un mínimo de serenidad para pensar sobre lo ocurrido. Intentar hacerlo en el pico inicial de angustia, en el momento en que más duele, no nos ayuda y, por lo general, acaba siendo una tortura improductiva.

Entrar sin pelear

No pelear cuando nos traicionan incluye no permanecer demasiado tiempo preguntándonos «¿cómo puede esta persona haberme hecho esto a mí?». Es normal que tengamos una cierta incredulidad inicial, porque una traición siempre nos agarra por sorpresa. Nos rompe los esquemas, literalmente, y nuestro cerebro intenta aplicar los parámetros habituales, y esto que pasó no encaja en ellos, no nos cabe en la cabeza. Algunas personas se resisten a cambiar esos esquemas, y por ese motivo se niegan a aceptar la nueva información, repitiéndose «no puede ser». Pero el esquema necesita actualizarse, no queda otra.

Cuanto antes asumamos lo que hay y el dolor que viene con esa toma de conciencia, antes empezarán a disminuir sus efectos. No es rápido, y habitualmente el dolor regresará en oleadas, pero si no interferimos con el proceso, poco a poco bajará la marea. Una traición incluye además muchos cambios, porque solo las relaciones significativas pueden dar lugar a ello. Si esa relación ya no puede continuar en los mismos términos, se abre ante nosotros un proceso de adaptación en el que habrá que recolocar o sustituir muchas piezas. Toda traición supone una pérdida y, como tal, también un proceso de duelo, con sus fases de aceptación, tristeza y readaptación, que necesitan sus tiempos.

Cuando la traición se produce en la pareja y tiene que ver con una infidelidad, entran en juego además otros elementos. Ante creencias nucleares como «no soy suficiente» o «no soy importante», la comparación puede consumirnos cada vez que nos preguntemos «¿qué tiene el otro/la otra que no tenga yo?». Y si somos emocionalmente dependientes, el fin de la relación nos hará sentir que el suelo se abrió bajo nuestros pies, y nos vendrán pensamientos de que no podemos vivir sin el otro o de que «no somos nada» sin esa persona. Si lo pensamos bien, estas frases son terribles, y deben llevarnos a trabajar para irnos sintiendo seres autónomos, que importamos por nosotros mismos y no solo en función de otros. Debajo de todas estas situaciones pueden estar también las experiencias de ausencia y abandono de las que hablamos en los primeros capítulos. Estas heridas nos pueden mover a enterrar al otro en una avalancha de preguntas y recriminaciones, que ningún tipo de respuesta puede detener, porque ninguna nos vale. La verdadera solución, como hemos visto, se encuentra en comprender mejor el origen de nuestro dolor y curar la herida original.

 **Aprender a ver**

Para reflexionar sobre la traición que nos causa dolor, necesitamos una mirada amplia, que deje de centrarse obsesivamente en el momento en el que se produjo. Si no abrimos el foco, todo lo que la rodeó nos incomodará sin remedio una y otra vez. Y para ver más allá de ella, conviene prestar atención a los siguientes elementos:

1. **Cómo se incubó la traición.** Aunque siempre existe un momento específico en el que se produce o en el que tomamos conciencia de ella, es frecuente que haya habido señales de aviso que no percibimos (o que preferimos no mirar). No somos tontos por no haber caído en la cuenta antes: si confiamos en alguien, es normal apostar por la relación y no cuestionarla de buenas a primeras. Damos un «voto de confianza» que hace que, a menos que la información discrepante tenga envergadura suficiente, no cuestionemos nuestra creencia de que esa persona es fiable, de que es uno de los nuestros. Sin embargo, ahora, tras la traición, debemos revisitar esos momentos y reflexionar sobre ellos, sin torturarnos, para extraer aprendizajes que nos hagan más sabios en el futuro.

2. **Qué sentimos como traición y por qué.** No es fácil definir qué cosas suponen un acto de traición, porque son muy distintas para cada persona. Entender el porqué implica, por lo general, remontarnos a la primera experiencia a la que llamaríamos traición. ¿Recordamos cuál fue? Esa primera experiencia sentó las bases de todas las que vinieron después. Si muchas de nuestras experiencias de traición están mal resueltas (basta con que una se atasque para que las siguientes tengan más boletos para hacerlo), es posible que nos hayamos sensibilizado y nuestro umbral para considerar algo como una traición intolera-

ble sea muy bajo. En este caso, desandar un poco el camino y entender qué pasó con esas experiencias previas nos ayudará a tomar perspectiva, pues sería difícil resolverlas únicamente desde el aquí y ahora.

3. **Qué cosas del otro y qué cosas nuestras llevaron a este desenlace.** En un problema relacional, no suele llegarse a ningún sitio a través de la «búsqueda del único culpable», pues no todo es blanco o negro. Ciertas personas se instalan en el reproche al otro, recriminándole a la cara o por dentro lo que hizo, mientras que otras se culpan a sí mismas por no haber estado a la altura para conseguir que la situación no tuviera lugar. Ambas posturas son callejones sin salida. Las personas somos complejas, y la forma en la que interaccionamos es un baile en el que la música y el ritmo evolucionan o fluctúan. Que las dos partes estén siempre acopladas de manera precisa resulta imposible, y que esto se consiga con la calidad suficiente para que ambas partes obtengan algo de la relación es una auténtica proeza, sobre todo a largo plazo. Por tal motivo es importante **entender qué cosas, tanto nuestras como del otro, condujeron a ese final** y, sin torturarnos, valorar qué podemos modificar en el futuro. Esto no implica perdonar el daño, es innecesario, pero sí nos ayudará a no quedarnos atascados en el rencor.

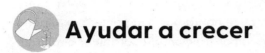 ## Ayudar a crecer

Una traición puede tener consecuencias positivas, no porque «lo que no te mata te hace más fuerte» (una frase, como poco, cuestionable), sino porque cualquier cambio, incluso en este caso, comporta pérdidas, pero también crecimiento. Si se sobrepone a una traición, una relación puede salir fortalecida. Muchas veces, por el contrario, queda tocada en la línea de flotación o directamente el vínculo se rompe de forma irreparable. Para que pueda recuperarse, deben darse dos condiciones: que el traidor haga algo para reparar el daño y que el traicionado sea capaz de perdonar. La **reparación** puede consistir en una disculpa sincera, un cambio significativo, una explicación que dé significado a lo ocurrido... El **perdón** es más fácil desde ahí, aunque solo puede producirse si el dolor se va y se reajustan nuestras expectativas respecto a la persona por la que nos sentimos traicionados.

El perdón, desde luego, es un derecho, no una obligación. No es moralmente mejor ni peor, simplemente es una opción. También es legítimo dar una relación por cerrada, y es bueno que esto no nos parezca inasumible. De este modo, todas las posibilidades están abiertas, y podremos fluir hacia donde nos lleve nuestra reflexión sobre lo ocurrido.

Decidamos lo que decidamos, **asumir que la traición forma parte de la existencia, y pese a ello apostar por seguir confiando, es un aprendizaje vital muy importante**. Si somos capaces de hacerlo, nos permitirá funcionar en las relaciones de un modo más seguro. Por supuesto, confiar al cien por ciento en quien nos traicionó no es sensato, pero las nuevas personas que conozcamos no tienen la culpa de lo que pasó en esa relación específica. Así que, después de una traición, el principal trabajo es ayudar a que vuelva a crecer la confianza. Esto nos puede costar un mundo y puede que nos sintamos incluso incapaces de hacerlo, porque seguimos peleando o porque el dolor y el miedo nos impiden registrar las señales de seguridad que emiten otras muchas personas. Levantar muros infranqueables quizá nos haga pensar que estaremos más protegidos frente a futuras traiciones, pero tengamos por seguro que la desconfianza radical genera más daño que el que evita. En todo caso, seamos comprensivos con nosotros mismos y con nuestras dificultades para hacer cambios en esto.

Parte 4

IMPERFECTOS PERO COMPLETOS

Autonomía y responsabilidad

El desarrollo de un niño necesita amor, sin duda, pero con esto no basta. Hay muchos aprendizajes que son fundamentales para que llegue a ser un adulto capaz de tomar sus propias decisiones y hacerse responsable de las consecuencias. Cuando analizamos cómo funcionan los niños pequeños con sus madres, los bebés que se convertirán en adultos seguros recurren a ellas cuando se sienten estresados o asustados, pero también son capaces de explorar el entorno y de jugar solos el resto del tiempo.

Necesitamos que nos suelten poco a poco de la mano, al tiempo que nos dan responsabilidades. El exceso de exigencia es un problema para el desarrollo emocional, como vimos antes, pero la ausencia de ella no es la solución, sino otro tipo de problema. Un niño a quien se le da todo hecho, que no debe afrontar ningún desafío, no aprenderá a regular el esfuerzo, ni a remontar una situación cuando algo sea difícil. Si cuando hace las cosas mal no tiene que asumir las consecuencias, es posible que no le dé un valor muy alto a hacerlas bien.

Algunos padres se preocupan mucho por el bienestar de sus hijos, pero les falta un elemento también esencial: la **firmeza.** Si el niño los desafía, no se sienten suficientemente fuertes para contener la situación. El niño necesita contención cuando se desborda, límites cuando se pasa de la raya, y consecuencias cuando no ve lo negativo de su comportamiento. Para ello, los padres deben tener **capacidad para manejar los conflictos.** Cuando los cuidadores tuvieron infancias problemáticas o con poco o ningún afecto, pueden intentar compensar a sus hijos dándoles lo que a ellos les faltó. Pueden haber anulado todo lo relacionado con la rabia (y para estar firmes ante un desafío, necesitamos un poco de esta emoción) en un intento de ser buenas personas, porque han asociado la rabia con la violencia y la maldad. Pero las necesidades de nuestros hijos no están relacionadas con nuestras carencias, no necesitan todo lo que a nosotros nos faltó. Sería como sobrealimentarlos porque nosotros pasamos mucha hambre cuando éramos niños, o quitarles un alimento porque a nosotros nos provocó alergia.

· · · · ·

Pensemos un momento: ¿solemos hacer las cosas por nosotros mismos o tendemos a recurrir a los demás? En relación con otras personas de nuestro entorno, ¿solemos buscarnos la vida por nuestra propia cuenta o nos sentimos inseguros con frecuencia? Cuando no sabemos hacer algo, ¿exploramos de entrada cómo conseguirlo o siempre preguntamos a otro?

· · · · ·

La **autonomía** suele ir ligada a un cierto nivel de responsabilidad. De nuevo, echarnos a la espalda responsabilidades que no nos corresponden lleva a la sobrecarga y a la excesiva autoexigencia. Pero, en el otro extremo, buscar automáticamente un culpable ajeno a nosotros siempre que algo sale mal también indica que tenemos un problema con la responsabilidad.

・ ・ ・ ・ ・

Hagamos otra reflexión. Pensemos en algo en lo que reconozcamos haber metido la pata. Analicemos qué hicimos mal y qué necesitamos cambiar para que no se repita. ¿Qué aprendimos? Apuntémoslo en nuestra Libreta de Recursos Nutritivos. Ahora, planteémonos estas preguntas: ¿nos costó encontrar ese ejemplo?, ¿nos venía con frecuencia un «sí, pero es que el otro también...»?, ¿nos incomodó pensar en algo que hicimos mal? Anotemos nuestras respuestas. Si una o varias de ellas son afirmativas, nos interesa reflexionar sobre nuestra relación con la responsabilidad.

・ ・ ・ ・ ・

Si no tenemos la autonomía suficiente o carecemos de ella, necesitaremos que alguien nos guíe porque, de lo contrario, cuando nos toque actuar solos, nunca llegaremos al final o lo haremos de una forma deficiente. Un niño pequeño debe tener libertad para explorar, que se le anime a ello, pero también que se le acompañe en sus primeras aventuras lidiando con los cordones de los zapatos, con asearse o vestirse y con todas las cosas de la vida, grandes y pequeñas. Ahí no solo vamos adquiriendo hábitos cotidianos, sino recorriendo el camino que va de no saber a adquirir dominio sobre las cosas. Si no aprendimos a esforzarnos, animarnos en el proceso y tener persistencia para conseguir metas a largo plazo, no nos será fácil. Empezaremos cosas y las dejaremos a medias; tendremos la idea, pero no daremos pasos realistas para llevarla a cabo. Algo muy necesario para ello es ser capaces de monitorizar el proceso, de hablarnos por dentro, de darnos razones para seguir adelante cuando sale mal, y también reflexionar y aprender de nuestros fallos. Si nos machacamos con cada fracaso, nos bloquearemos, pero si los negamos o pasamos por encima, no habrá aprendizaje alguno. Sin autocrítica para detectar nuestros errores, no modificaremos nuestro desempeño hasta perfeccionarlo y conseguir cada vez más nuestros objetivos. Quizá nos creamos con derecho a la protesta y no tengamos claro cuándo sobrepasamos los límites del respeto. Esto se puede traducir en dificultades, como que no nos renueven contratos, las personas que nos rodean se alejen o no tengamos una vida satisfactoria, pero nuestra tendencia a poner el problema fuera, en los demás, puede no dejarnos ver que la causa está en nosotros mismos.

Entrar sin pelear

Si seguimos funcionando como si los demás estuvieran a nuestro servicio, si no asumimos responsabilidades o no toleramos que nos digan lo que tenemos que hacer (aunque sea nuestro jefe), quizá se deba a que careceremos de autocrítica y autoexigencia sanas, de capacidad para esforzarnos, de la conciencia y aceptación de que podemos equivocarnos. Si se nos acumulan las evidencias de que algo no funciona, nuestra especialidad será evadir la situación y buscar culpables o excusas. Cuando no consigamos lo que nos proponemos, no ajustaremos nuestras expectativas y acusaremos de nuestra «inmerecida» desgracia al primero que pase por allí, a la sociedad o a la injusticia cósmica.

Entrar sin pelear implica partir de esta premisa: podemos estar errados, no vamos a tener en la vida todo lo que queremos, y está por demostrarse que merezcamos un éxito deslumbrante, sea el que sea. Si nos hacen críticas, es tan importante que no las aceptemos sin filtro (pueden estar equivocadas) como que no demos por sentado sin más que son inapropiadas ni descalifiquemos automáticamente al que nos las hace; es bueno que nos preguntemos si algo en esa crítica puede estar acertado. Otro aspecto en el que conviene aprender a pelear menos es cuando la realidad no se acopla a nuestros deseos y expectativas. En este mundo del «si quieres, puedes», amoldarse a la realidad puede ser particularmente difícil, pero también es necesario para no vivir en la insatisfacción permanente.

 ## Aprender a ver

Conocer **el valor del esfuerzo**, esto es, la importancia de trabajar para conseguir resultados, requiere persistencia y capacidad para superar las frustraciones de los intentos fallidos. Sin embargo, muchas cosas interesantes no llegan de inmediato, sino después de un proceso, y precisamente por ello valoramos mucho más haberlas alcanzado. ¿Cómo es nuestra relación con el esfuerzo?

Pensemos en una situación que implique dificultad y suponga esfuerzo, y observemos qué lado describe más nuestra reacción ante ella:

Me animo

- Puedo conseguirlo.
- Me acuerdo de otros esfuerzos que valieron la pena.
- Disfruto la sensación de esfuerzo: significa que estoy trabajando en algo que me interesa.
- Visualizo el objetivo que quiero conseguir y me lo recuerdo por el camino.

Me desanimo

- No lo conseguiré.
- Pienso en otras cosas que no he conseguido.
- Lo que supone esfuerzo me parece una tortura.
- Solo veo lo que cuesta; lo que podría lograr, lo veo muy lejos o no lo veo.
- Me digo que no vale la pena, que lo que puedo conseguir no me interesa tanto.

185

Me animo	**Me desanimo**
• Abordo primero lo que me cuesta más.	• Dejo lo que me supone esfuerzo para el último momento, me pongo excusas, procrastino, evito hacerlo.
• Me gustan los desafíos.	
• Siento que aprendo con cada fallo.	• Lo mío es la ley del mínimo esfuerzo.
• Cuando algo me sale mal, me entran más ganas de volver a intentarlo.	• Si algo me sale mal, tiendo a tirar la toalla.

Es importante aprender a ver los errores como partes del proceso, pero también como valiosas fuentes de aprendizaje. **Reconocer nuestros errores y aprender de ellos** es parte del crecimiento. Esto nos hará más responsables, siempre que estemos en un punto de equilibrio entre la irresponsabilidad y el culparnos por no lograr hacernos cargo de todo. En función de dónde estemos en ese continuo, tendremos que avanzar hacia uno u otro lado.

Dar valor al esfuerzo no supone creer ciegamente que «si quieres, puedes». El esfuerzo sirve hasta cierto punto, pues la vida nos pone límites, desafíos y barreras, y no todas van a desaparecer por nuestra voluntad. Debemos asumir que algunas cosas, simplemente, no pueden ser. Reajustar las expectativas nos hará más adaptables, y es necesario que haya un equilibrio entre, por un lado, pelear por lo que queremos y, por otro, pactar con la realidad. Ser realista es mucho más efectivo, y mucho menos cansado, porque no desperdiciaremos energía en batallas perdidas. Al final, seguramente conseguiremos más cosas y nuestras relaciones funcionarán mejor. El balance global de una renuncia puede ser muy positivo.

Ayudar a crecer

Para avanzar en esta área necesitaremos autocrítica, firmeza con nosotros mismos, valorar el esfuerzo, trabajar de cara a metas lejanas, reconocer los errores. Dado que necesitamos disciplina, puede ser interesante llevar un diario en el que haya una serie de puntos fijos, así como ponernos un recordatorio (por ejemplo, una alarma en el celular) que nos avise a diario para hacer nuestras tareas. Y para ir trabajando en la constancia, nos pondremos pequeñas metas a corto y medio plazo. Muchas personas van dejando todo hasta que se acumula o se acaban los plazos, y entonces —después de mucho pensar sin éxito en lo que «deberían» hacer— abordan la proeza inabarcable de resolverlo todo en un día. El resultado es que acaban agotados y sin ganas de volver a ocuparse de eso durante mucho tiempo. Y vuelta a empezar. Pequeñas, minúsculas cosas a diario, pueden generar cambios más productivos.

La mayor dificultad a la que nos podemos enfrentar a la hora de buscar un cambio es que, para aprender cómo lograrlo, se necesita insistir hasta alcanzar el objetivo, y esta capacidad es precisamente la que tenemos infradesarrollada. La buena noticia es que, una vez que se instale el aprendizaje, después podremos repetirlo de manera automática y ya no nos supondrá tanto esfuerzo.

Nuestro horizonte para avanzar

Establezcamos un ritual para conseguir el cambio que nos proponemos: escribamos un diario de navegación en nuestra Libreta de Recursos Nutritivos y dediquémosle tiempo cada día. Programémoslo a una hora determinada, para formar el hábito, y dediquémonos un tiempo que veamos realista mantener a diario, desde cinco minutos a media hora. En este diario, que nos ayudará a ser más conscientes, anotemos como título las razones por las que queremos hacer ese cambio. Es importante que tengamos presente el horizonte para avanzar. Después, apuntemos cada día nuestros pensamientos sobre estas cuestiones:

- ¿Qué paso nos toca dar hoy respecto a nuestra meta? Por ejemplo, si nuestra meta es ordenar una habitación, cada día podemos colocar una cosa en su sitio. No se trata de grandes proezas, sino de mantener una ruta y dar pasos por ese camino.

- ¿Qué sensación tenemos después de haber hecho una de las cosas que nos hemos propuesto? Parémonos un rato a notarlo. Omitamos las cosas que no hagamos, el refuerzo positivo funciona mejor.

- ¿Cuál es el error más importante que cometimos ayer y cómo podemos aprender de él? ¿Nos pusimos excusas? ¿Cuáles? ¿Cómo podemos prevenir estas dificultades la próxima vez? ¿Qué podemos decirnos para ayudarnos?

Cuando llevemos un tiempo practicando este ritual, tomemos conciencia de los muchos pasos que hemos dado y de cuánto hemos avanzado ya. ¿Nos cuesta tanto como al principio o notamos que empieza a ser más fácil?

· · · · ·

Debemos introducir todos los días algo que nos suponga esfuerzo, simplemente para acostumbrarnos a esta sensación y dejar de evitarla. Por ejemplo, podemos subir por las escaleras en lugar de utilizar el elevador, practicar cinco minutos de ejercicio físico (hacerlo durante poco tiempo y a diario es mucho mejor que ponernos ambiciosos objetivos que nunca llegaremos a intentar), preparar comida en vez de comprar algo hecho o dejar que nos cocinen, levantarnos a buscar algo en lugar de pedirlo, etcétera. Importante: mientras hacemos ese pequeño esfuerzo diario, procuremos no repetirnos «qué cansado estoy» o pensar en que queremos que acabe cuanto antes. No contemos los minutos. Se trata, precisamente, de acostumbrarnos a la sensación de esfuerzo para poder llegar a verla como una sensación positiva.

Hay dos tipos de personas que practican ejercicio: las que lo viven como una tortura necesaria que se imponen, por motivos de salud o de estética, y las que aprenden a disfrutarlo porque se ven haciendo cada vez más cosas. Estas últimas, cuando corren cierta distancia y notan que les cuesta, sienten cómo su resistencia se incrementa y, con mesura, van un poco más allá de lo que el cuerpo les marca con el propósito de disfrutarlo. Esto les da una **sensación de dominio y de logro.** Esta sensación es la que debemos cultivar. Correr la misma distancia dejando flotar en la mente los «no puedo más», «con lo bien que estaba en casa» y otras frases similares supone asociar al esfuerzo una sensación que nos llevará a intentar evitarlo y, desde luego, nos impedirá disfrutarlo.

Otro cambio importante es ir haciéndonos cargo de cualquier responsabilidad que normalmente asumen los que nos rodean, o que hacemos solo cuando nos lo piden de manera explícita. Adoptemos esa costumbre de modo permanente, no como un gesto aislado. Si son cosas pequeñas, nos será más fácil vencer la inercia. También es importante desarrollar una posición más equilibrada acerca de la responsabilidad que asumimos en las relaciones interpersonales. Si tendemos a «eludir las situaciones», podemos fijarnos en cuál es nuestra contribución en los problemas que tenemos con los demás. Cuando nos cueste observarnos, intentemos pensar en el problema intercambiando los papeles, como si hubiera sido al revés: ¿cómo vemos nuestra conducta imaginándola en el otro? Si tendemos siempre a culpar a los demás, está claro que vemos lo de fuera, por eso es importante dirigir nuestra atención a lo que nosotros podemos haber hecho mal y cómo cambiarlo. Los pasos que vayamos dando, podemos recogerlos en nuestra Libreta de Recursos Nutritivos, para poner más atención en este proceso de cambio.

Pertenecer

Los seres humanos, como vimos en un capítulo anterior, somos animales sociales. El sentimiento de pertenencia es esencial para nuestra especie, necesitamos ser parte de algo. La primera sensación de pertenencia se da con los que nos recogen al nacer, los que nos abrazan, nos arropan y nos alimentan, con los que forman parte de nuestro núcleo familiar. Sin embargo, algunas personas no se sienten parte de su familia y se ven ajenas a ella, llegando a pensar que no son como el resto o no son bienvenidos a ella. Esto puede deberse a que el vínculo es distante o incluso hostil. Las experiencias de rechazo, pero también las de falta de cuidado o reconocimiento, pueden generar y hacer crecer esta sensación, que es particularmente dura en la infancia. La vinculación para un niño no es opcional, sino una cuestión de supervivencia.

Pero **la pertenencia no es únicamente importante en nuestros primeros años, sino a lo largo de toda la vida.** Las personas inmigrantes experimentan de un modo muy potente la pérdida de esa sensación. Llegan a un lugar con parámetros sociales y culturales muy diferentes a los suyos, y es frecuente que no sean recibidos con los brazos abiertos. El desarraigo deja a la persona sin muchas de sus referencias, con lo que el mundo se vuelve aún más impredecible. Si sumamos a esto las dificultades que conllevan los procesos migratorios, y la mochila que muchas de estas personas traen de sus países de origen, la falta de pertenencia puede hacer que falle toda la base de sustentación. Además, muchos de los viajes en busca de otro lugar donde vivir implican en sí mismos experiencias altamente traumáticas, lo que, sumado al caldo de cultivo anterior, puede acabar originando importantes problemas de salud mental. El haber tenido vínculos sólidos en la infancia nos aporta ciertas reservas emocionales y, aun en medio de los cambios, nos facilita establecer lazos que compensen el desarraigo. Las personas que emigran suelen buscar conexiones con sus compatriotas en los países de destino, y en muchas ciudades se establecen barrios organizados por nacionalidades, que en cierto modo permiten mantener algo de lo que se dejó atrás. Pero, a la vez, no queda más que mezclarse con otros que son muy distintos, con lo que surge un cierto conflicto de pertenencia: ¿cuál es mi idioma?, ¿qué costumbres debo adoptar?, ¿cómo me defino? Asimismo, la inmigración no solo se enfrenta a la dificultad de no pertenecer al sitio al que se llega, sino también al duelo por lo que se deja atrás.

Pero no hace falta cambiar de cultura para que se generen dificultades en esta área. Muchos niños no encajan con sus vecinos o con el grupo en el que les toca escolarizarse porque sus diferencias (socioculturales, económicas, religiosas...) hacen que se sientan excluidos. En general, los «diferentes» siempre están en riesgo de exclusión, a menos que su diferencia los haga atractivos para el grupo. Un niño con necesidades especiales, con un funcionamiento neurodivergente o con una orientación sexual no convencional, por ejemplo, puede verse fácilmente apartado del grupo. Y no es necesario que se den circunstancias de este tipo, pues los niños más tímidos, con conductas atípicas o problemáticas, con menos habilidades sociales y emocionales, pueden ser objeto de exclusión y, no pocas veces, de rechazo activo. Desgraciadamente, el acoso escolar es un problema demasiado frecuente que puede tener consecuencias muy importantes, no solo en la infancia, sino también en la vida adulta.

También pueden generarse problemas con el sentimiento de pertenencia en los «niños nómadas» que, por el trabajo de sus padres, la separación de estos u otras circunstancias, cambian con frecuencia de ciudad o de área geográfica. Las relaciones que establecen terminan con el traslado, de manera que, cuando esta situación se repite, acaban aprendiendo a no crear vínculos estrechos. Asentarse y echar raíces, algo necesario para establecer redes de pertenencia, no está en su estructura de funcionamiento, así que la itinerancia se vuelve un estilo de vida. Algunos consiguen mantener amistades en la distancia, pero la mayoría se rinde porque resulta complicado.

En general, los cambios de contexto vital pueden generar desarraigo, aunque solo se trate de mudarse a otra ciudad por estudios o trabajo. Algunas personas nunca acaban de sentir como suya la ciudad donde viven, y esto tiene mucho que ver con la capacidad de establecer vínculos y redes.

Un modo de compensar la desconexión, la soledad o la infravaloración es **buscar espacios de pertenencia.** Hay miles de opciones. Podemos, por ejemplo, hacernos hinchas de un equipo de fútbol en una nueva ciudad, para gritar con el resto de aficionados a pleno pulmón y sentir así un «nosotros». Integrarnos en un nuevo grupo nos puede ayudar a establecer vínculos nutritivos en algunas ocasiones, pero no compensará (o solo lo hará a medias) nuestras carencias más nucleares. Quizá defendamos una ideología política, una preocupación medioambiental, una creencia nutricional, una religión, una teoría conspiranoica, una perspectiva social, una orientación psicológica o cualquier otra postura con una pasión desmedida y ciega, arrasando con los discrepantes. Es sanísimo tener opiniones, por supuesto, pero es peligroso tener convicciones, sobre todo cuando estas son cerradas, rígidas e impermeables al diálogo. Las convicciones se alimentan de nuestra necesidad de pertenencia, porque definen un «nosotros» como contraposición a «los otros», y esto nos lleva a defender nuestras ideas con ejemplos que las puedan apoyar, negando o tergiversando los ejemplos en contra (necesariamente los habrá) y descalificando al que piensa diferente. Sentir el apoyo de los convencidos de nuestro grupo nos refuerza más en nuestra posición, basada en una necesidad emocional y a la que los datos le importan poco. Esta necesidad de pertenencia extrema puede tener sus raíces en la inseguridad de los vínculos que establecemos, y nos aporta una especie de tabla de salvación a la que nos aferramos, pero no soluciona realmente el problema de fondo.

 **Entrar sin pelear**

Si tenemos problemas de pertenencia, nuestra pelea se dirigirá contra las personas que no nos ayudaron a sentirnos incluidos, o bien contra aquellas que generaron el cambio que nos llevó a la pérdida de nuestros vínculos. Por ejemplo, podemos recriminar a nuestros padres que nos llevaran de un sitio a otro, a nuestros compañeros de colegio que nos excluyeran o a la sociedad que no nos permita encajar en ella. Y sí, tenemos derecho a enfadarnos si no se nos hizo sentir importantes o no nos acogieron con hospitalidad, pero, como hemos comentado, quedarnos a vivir en un enfado legítimo puede complicarnos mucho la vida. Tenemos derecho a hacerlo, pero no nos hace bien. Es importante promover la inclusión a nivel social, pero no está claro que hacerlo desde la pelea sea la ruta más productiva, ya que, a menudo, el conflicto que se genera tiene un efecto rebote no deseado.

Otra posible pelea la mantenemos con nosotros mismos, machacándonos por no ser suficientemente buenos para encajar, avergonzándonos por ser como somos, rechazando algunos aspectos que nos configuran y tratando de camuflarnos en el ambiente. En ocasiones, por ejemplo, las personas neurodivergentes hacen grandes esfuerzos por mimetizarse y comportarse como si no lo fueran, lo que suele generarles un estrés continuado. O por el contrario, cuando sí nos adaptamos, podemos sentirnos culpables por traicionar nuestros orígenes, como cuando un inmigrante adopta costumbres del país en el que vive ahora.

Por último, en algunos casos la pelea en la que estamos embarcados es una cruzada contra el mundo desde nuestro grupo de pertenencia. Aprovecharemos cualquier excusa que nos den los demás para hacer ver que llevamos bien alta la bandera de nuestra ideología moral, política, científica o del tipo que sea. Nos esforzaremos para demostrar claramente que «los otros» son indignos, malvados, moralmente cuestionables, y para reforzar las bondades de nuestro grupo de pertenencia, llevaremos los argumentos al extremo, y plantearemos los debates como una lucha del bien (nosotros) frente al mal (los otros). En realidad, el contenido de la discusión es irrelevante, aunque nosotros creamos lo contrario. Si tenemos convicciones de las que no nos permitimos dudar, deberíamos preocuparnos y movernos hacia la reflexión.

· · · · ·

Pensemos en una persona que tiene opiniones radicalmente distintas a las nuestras en un tema que es muy importante para nosotros. Tratemos de imaginar cómo se ve el mundo desde su lado. Cuando hacemos esto, muchas veces trasladamos a la mente de los demás lo que nosotros opinamos sobre ellos, pero este ejercicio es diferente: se trata de imaginarnos cómo el otro se cuenta las cosas.

Por ejemplo, si pensamos «no le importa nada más que sí mismo», es difícil que el otro se esté diciendo «no me importa nada más que yo mismo». Seguramente, esa persona también juzgará la conducta de los demás, y desde su perspectiva quizá se sienta injustamente tratada o moralmente con derecho a hacer lo que hace.

Intentemos ver el mundo a través de los ojos de alguien muy distinto a nosotros. ¿Nos resulta fácil? ¿Nos cuesta mucho? En este último caso, este ejercicio es particularmente interesante para nosotros. Ampliará nuestra mente y nos ayudará a entender el complejo mundo de las relaciones. No se trata de que compartamos la visión del otro, sino de que aprendamos a visualizar otras perspectivas.

· · · · ·

Aprender a ver

Cuando sentimos que no somos parte de algo, y nos autoexcluimos y aislamos, nos centramos más en las diferencias que en las similitudes. Es cierto que a veces son los otros los que nos señalan nuestras diferencias, pero sobre lo nuestro tenemos más posibilidades de influir, al menos de entrada. **Prestar atención a lo que nos une o nos identifica puede ayudarnos a conectar con la sensación que necesitamos.** Quizá vivimos con una permanente sensación de exclusión, que nos hace sentirnos poco valiosos o indignos, o sentir un resentimiento permanente contra los que no nos acogen como nos gustaría, o un poco de todo. Estas reacciones son muy comprensibles, pero, si no nos mueven en ninguna dirección, pueden estancarnos o incluso alimentar más nuestro aislamiento.

Otra posibilidad que puede surgir desde la sensación de no pertenecer es que hagamos cualquier cosa por sentirnos parte de algo. Muchos adolescentes encuentran en el grupo de sus iguales una conexión que no sienten con la misma fuerza en su casa. Si esos compañeros tienen conductas de riesgo o contraproducentes, participar en estas acciones se convierte en una especie de certificado de que formamos parte del grupo. Aunque la pertenencia es importante, y más en la adolescencia y la juventud, preguntémonos qué precio estamos dispuestos a pagar por ella.

Sentirse excluido puede dar lugar, curiosamente, a fuertes sentimientos de pertenencia. Algunas personas, unidas por el resentimiento contra quienes los excluyeron, participan activamente en grupos radicales, ya sean ideológicos, deportivos, religiosos o conspiranoicos. Las redes sociales generan oleadas conjuntas en las que se puede sentir algo remotamente parecido a la pertenencia real, pero, ante la ausencia de otras opciones, esta sensación puede resultar adictiva a la vez que vacía: despotricar juntos, linchar juntos... Las convicciones generan lazos muy potentes y, como comentaba, para defenderlas debemos hacerlas impermeables a cualquier evidencia en contra. Así de poderosa es la necesidad de pertenecer a algo.

Como en todo, puede haber mecanismos de anestesia. Algunas personas parecen haber eliminado la necesidad de pertenencia o no haber llegado a desarrollarla ante la falta de vínculos y conexión en el entorno. Viven aisladas; como mucho, trabajan para poder subsistir, pero sin interacciones con nadie ni participación en los rituales sociales. Para ellas, la soledad no se percibe como algo negativo y constituye una especie de lugar seguro. Se puede llegar también a ese aislamiento como un modo de adaptación, como un replegamiento ante el mundo, pero no porque no hayamos aprendido a saborearlo, sino porque todo nos cuesta tanto que nos acabamos convenciendo de que no lo necesitamos. Aunque tenemos derecho a situarnos como queramos, sería interesante que pudiéramos **explorar el mundo que nos rodea**, aunque solo sea asomándonos a él, para ver si el lugar en el que estamos es realmente la mejor opción posible.

Ayudar a crecer

Aunque **las posibilidades de tejer conexiones con otras personas son infinitas**, debemos movernos por las redes de contactos sociales a nuestro alcance, hasta encontrar nuestro sitio. Si nos atrincheramos en nuestro aislamiento, difícilmente surgirán nuevos lazos y nos costará encontrar elementos que nos identifiquen con algún grupo. Para que estas conexiones crezcan, debemos apartar las malas hierbas, que son las que nacen de la hipersensibilidad al rechazo o de la desconfianza extrema. Aquellas situaciones que identifiquemos como exclusión pueden disparar todas las experiencias negativas que llevamos acumuladas al respecto. Si esto nos desbarata, puede hacer que retrocedamos o que los lazos incipientes que establezcamos no tengan suficiente fuerza y los descartemos. Es importante no rendirnos, aunque tengamos razones para ello.

El equilibrio está en algún lugar entre los extremos. Buscar conexiones y redes es importante, sin por ello pagar cualquier precio por sentirnos parte de algo. Recordemos que muchos grupos se alimentan de la necesidad de pertenencia, pero acaban generando problemas graves, como las sectas con todo lo que implican, grupos inmersos en actividades delictivas o de riesgo, u organizaciones que acaban dejando a las personas que entran en ellas sin recursos emocionales o materiales. Esto no solo es relevante para los grupos organizados, sino también para los vínculos informales que se establecen en muchos contextos. La solución de la falta de sensación de pertenencia no es la dependencia emocional: **para poder funcionar en una relación, es tan necesario sentir que nos importa como que la posibilidad de alejarnos nos resulta asumible.**

Como en muchos otros aspectos que ya hemos comentado, es esencial sembrar para poder cultivar a largo plazo. Si estamos aislados o nos sentimos excluidos, exploremos, participemos en actividades, establezcamos contactos y prestemos atención a las ocasiones en que sí veamos puntos en común con aquellas personas y grupos que vayamos conociendo. Por el contrario, si nos parece que estamos enganchados a un grupo de pertenencia, y nos vemos inflexibles e intransigentes, nos conviene empezar a escuchar, a explorar la perspectiva del otro, y a dudar de nuestras convicciones. Es importante no rendirnos por completo cuando las cosas se complican para no perder el camino que llevamos recorrido. Tener un bajón es muy normal, lo esencial es no quedarnos abajo demasiado tiempo. Como todos los aprendizajes, es cuestión de ensayo y error.

Maravillosamente imperfectos

*El perfeccionismo no es una búsqueda de lo mejor,
sino la persecución de lo peor de nosotros mismos,
la parte que nos dice que nada de lo que
hagamos será lo suficientemente bueno,
que deberíamos intentarlo otra vez.*

JULIA CAMERON,
El camino del artista

Necesitamos sentirnos aceptados, no solo cuando algo nos sale bien, sino más aún cuando fallamos. Sin embargo, en algunas familias, y también en algunas escuelas, se entiende la educación como un señalamiento de los errores, y se supone que esto llevará de por sí a una mejoría en el desempeño del niño. Vimos ya cómo algunos rasgos del carácter infantil pueden suponer más dificultades para los padres, porque los asocian con experiencias negativas previas, que nada tienen que ver con sus hijos, o porque esos rasgos son muy contradictorios con el estilo de funcionamiento de los adultos. Así, un niño disperso puede sacar de quicio a un padre exigente, mientras que un niño sensible será difícil de tolerar para un progenitor emocionalmente distante. Además, los padres proyectan muchas veces en sus hijos sus propios temores y aspiraciones. Quieren que los niños se conviertan en adultos en las mejores condiciones posibles, pero la manera en la que los imaginan se puede convertir en un molde en el que, de modo más o menos consciente, fuerzan a encajar al niño.

Algo parecido puede ocurrir con los profesores. Aunque quedan distribuidos en una clase con muchos alumnos, con frecuencia hay niños y comportamientos que resultan difíciles de manejar emocionalmente para los docentes, que tienen aquí un papel importante. Después de todo, los niños pasan muchas horas de su vida en el medio escolar, y las actividades que se hacen en este tienen mucho que ver con la gestión de los errores. Dado que el aprendizaje se realiza por ensayo y error, y más de lo último que de lo primero, el tipo de acompañamiento de esos errores funcionará como un modelado de nuestra capacidad para equivocarnos y se asociará a una buena sensación (o no).

Es muy lógico que los padres quieran cosas buenas para sus hijos. Sin embargo, hay cierta trampa en querer «lo mejor» o, como se escucha tanto en estos tiempos, «que tengan éxito»: las mejores notas, los mejores colegios, una profesión con la que destaque socialmente... En nuestra época el éxito es una aspiración generalizada, pero suele estar asociado a conseguir objetivos aparentemente factibles (un trabajo gratificante, viajes, estatus...), pero que, en realidad, pueden compararse al palo y la zanahoria. Vivimos en la sociedad del «nunca es suficiente», y si los padres quieren que sus hijos encuentren un lugar en ella, deben equiparlos con todos los recursos posibles. Esto puede suponer mucha presión para el niño. Además, la búsqueda del éxito no es algo exclusivo de los padres para sus hijos, sino un mensaje general que nos bombardea constantemente.

· · · · ·

Reflexionemos sobre nuestro historial de errores. ¿Fueron acompañados nuestros errores, nuestros fracasos y nuestras dificultades, tanto en casa como en el colegio, durante nuestra infancia? ¿Y ahora? ¿Cómo los llevamos?

· · · · ·

En generaciones anteriores, los padres también tenían expectativas. Quizá ansias en que sus hijos no pasaran necesidades económicas como ellos, o que siguieran llevando adelante el negocio familiar. Quizá en la familia fuera importante que el hijo se casara, tuviera hijos y luego nietos, se dedicara a una actividad profesional específica, siguiera viviendo en la casa familiar, cuidara a sus padres cuando fueran ancianos... Algunas aspiraciones son prototípicas del ser humano; otras, en cambio, son muy particulares de cada familia y de cada individuo. Ansiar el éxito en lo que hacemos no es algo particular de nuestra época, aunque quizá sí lo estamos viviendo de un modo más inconformista, como si nada fuera suficientemente bueno.

· · · · ·

¿Sería necesario establecer el «día del orgullo mediocre»? ¿Necesitamos reivindicar nuestro derecho a no ser excepcionales, a no lograr (ni pretender lograr) cosas extraordinarias? Después de todo, incluso las personas con talentos excepcionales son mediocres en la mayor parte de las cosas que hacen, que no tienen que ver con sus habilidades principales.

· · · · ·

Las aspiraciones que los padres tienen para sus hijos no se relacionan solo con lo económico. Algunos quieren que sus hijos sean felices, muy felices, quizá porque su infancia fue muy solitaria o llena de problemas, y quieren para ellos todo lo contrario. Sin embargo, esto puede hacer que pasen por encima de las angustias del niño, empujándolo a «no darles importancia» y a distraerlo del dolor. En otros casos, si ha habido alguna persona en la familia con problemas de salud mental, cada vez que el niño se muestre triste o retraído, los fantasmas pueden aparecer en la mente de sus padres y estos reaccionarán con enorme preocupación. En consecuencia, estos niños no habrán experimentado la posibilidad de estar mal, ni tampoco la de sentir cuán reconfortante es que se queden contigo, te entiendan y te abracen cuando eso ocurre. Esos recuerdos son recursos de valor incalculable para el cerebro, y nos permiten **entendernos y cuidarnos bien cuando nos sentimos mal**, uno de los aspectos más importantes en el campo de la regulación emocional.

La expectativa de los progenitores puede ser flexible, y entonces estos serán capaces de reformularla dependiendo de las preferencias del niño, sus características, sus recursos y sus limitaciones. Otras veces, será el niño quien tendrá que ajustarse y encajar en el esquema, y esto supone anular determinados aspectos de su personalidad. El hijo puede sentirse inadecuado por desear algo diferente, considerar algunos rasgos perfectamente válidos como defectos, y sentir en cierto modo que sus padres quieren a un niño que, en el fondo, no es él. En algunas ocasiones, el hijo fuerza sus tendencias naturales para encajar en lo que sus padres esperan de él; en otras, se rebela, explícitamente o de forma indirecta. Por ejemplo, puede empezar a bloquearse en unos estudios que nunca escogió, y entrar en una depresión cuya causa no entiende, porque tomar conciencia de lo que ocurre implicaría ir contra el deseo de su familia.

¿Qué falta en esta historia? Algo aparentemente muy sencillo: que el niño se pueda sentir aceptado tal y como es, de hecho, precisamente por ser lo que es. Que sus padres lo vean como alguien único, especial, que puede tener sus propios deseos y expectativas. Que lo sientan especial no implica que lo vean con unas capacidades por encima de las que tiene, de modo que, cuando no puede hacer algo, cuando falla o tiene problemas, el niño nunca siente que está fallando como ser humano.

Necesitamos sentirnos «queribles», sobre todo en nuestros fallos, en los fracasos, en las decepciones. Necesitamos sentir que, aunque incompletos e imperfectos, estamos bien así. Que nos ayuden a superar las dificultades, y que nos abracen con cariño cuando no lo hacemos. Que el objetivo no esté nunca por encima de nuestro bienestar, y que si debemos dejar una actividad, repetir un curso o salirnos de la ruta, lo más importante seamos nosotros. Necesitamos que, si nos dicen «ay, qué desastre eres», lo hagan con ternura, de ese modo podremos llegar a tomarles cariño a nuestros defectos. Que no tengamos que ser excepcionales en nada para sentirnos válidos para nuestra familia. Esto no implica que no nos ayuden a mejorar. De hecho, es más fácil que podamos llegar a cambiar un rasgo de carácter que aceptamos que uno que rechazamos. Así, cuando busquemos cambiarlo, no será porque nos impongamos ser diferentes, sino porque sabemos que pulir ese rasgo será bueno para nosotros.

Entrar sin pelear

Hagamos una lista de nuestros fallos, de nuestras carencias, de nuestras limitaciones. Tengamos en cuenta que no son problemas que erradicar, sino una parte de nosotros, una parte buena. Quizá nos hayan rechazado por esos aspectos, o puede que nos hagan sentir menos valiosos, inferiores. Sin embargo, mirémoslos por un momento sin dar nada por sentado. ¿Somos desordenados? Mientras no hayamos llegado al extremo de acumular basura en casa, ¿es tan importante? ¿Hay personas que manejan el desorden mejor que nosotros? Curiosamente, algunas personas son desordenadas o demoran hacer las cosas porque son muy perfeccionistas y, como alcanzar el orden perfecto supone un esfuerzo tan ingente que resulta casi imposible, se rinden en la casilla de salida. Intentemos ver cuál es la ventaja de las personas desordenadas: si no acumulan basura en casa y se llevan bien a sí mismas, viven más relajadas. Además, son generalmente más creativas y pueden funcionar bien en algunas actividades de ese tipo. Muchas personas desordenadas afirman tener su propio orden dentro de lo que para otros es un caos, y encuentran una forma de funcionar así.

Hagamos el mismo ejercicio con todo lo que tengamos en nuestra lista. Quizá no saquemos las mejores notas de la clase, ¿es eso malo? ¿Cómo lo lleva bien alguien a quien no le preocupan sus notas? ¿Cómo consigue ser feliz alguien que decide pronto (en cuanto el sistema académico se lo permite) que estudiar no es lo suyo y se orienta a buscar una profesión con la que ganarse la vida dignamente? Puede que tengamos sobrepeso, un físico poco armonioso, rasgos de carácter atípicos que no encajan fácilmente en el grupo... Sé que resulta difícil **asumirnos como somos** si fuimos rechazados o apartados por este motivo, y esto no depende solo de nuestros padres, sino muchas veces del entorno cercano, pero no nos queda otra que trabajar hasta lograrlo. La continua pelea con lo que somos puede llevarnos a vivir en una insatisfacción permanente. Así que pensemos en las personas que llevan bien lo mismo que nos caracteriza pero que, a la vez, nos cuesta. Pero no nos fijemos en aquellos que fingen que todo les da igual de boca para fuera, sino en quienes están en buena relación con lo que son. Pueden servirnos como modelos.

Aprender a ver

Imaginémonos abrazando nuestros fallos, nuestras limitaciones, nuestras carencias, mientras nos decimos que estamos bien como somos. Veámoslos en conjunto, combinados con nuestros puntos fuertes y nuestros recursos. **Todos tenemos claroscuros, nadie lo puede todo.** Así, en lugar de tratar de ser «buenos» en lo que no se nos da bien, veamos qué cosas nos salen de forma más natural y hagámoslas crecer. Ese es nuestro verdadero potencial. También conviene tirar a la basura los medidores de nuestro nivel de «perfección», ¿a quién le damos el poder de marcarnos hasta dónde debemos llegar?

A menudo nos decimos que estamos bien así, que no nos importa esto o aquello, pero en el fondo sabemos que intentamos (sin mucho éxito) convencernos a nosotros mismos. Asumir nuestras limitaciones no es sencillo, y requiere ir abandonando la imagen ideal que nos hemos hecho hasta vernos de la manera más realista posible. ¿Cómo saber entonces si nos estamos engañando?

Algo que nos puede servir de indicador es la envidia, la sensación dolorosa de ver a otros que tienen algo que nosotros no tememos. Reconocer que sentimos envidia no es nada fácil, ni políticamente correcto, pero lo notaremos en que nos surgirán fácilmente críticas hacia esas personas que tienen el aspecto físico, la posición social, las habilidades o la vida a las que en algún momento aspiramos. Quizá las critiquemos o devaluemos al referirnos a ellas, etiquetándolas como superficiales, egoístas o directamente malvadas. Un ejemplo es el ensañamiento que se desata en redes sociales cuando alguien «de éxito», con popularidad y exposición pública, hace algo cuestionable. Es como si la crueldad extrema contra estas personas nos pareciera totalmente justificable, pero en el fondo su mayor delito es haber llegado adonde la presión social nos empuja a llegar a todos. Aunque la historia que nos contemos sea muy distinta, probablemente nuestra reacción surge en realidad porque ellas están donde a nosotros nos gustaría estar.

 ## Ayudar a crecer

Necesitamos tomar cariño a los errores y los defectos. ¿Los toleramos bien en otros? Si es así, tenemos un sitio por el que empezar. Cada vez que nos sintamos mal, externalicemos el problema y mirémoslo como si fuera de otra persona, de un buen amigo. ¿Lo veríamos igual? Probablemente seríamos más benévolos. Ahora volvamos a observarnos con esa misma mirada. A menudo usamos un rasero para nosotros y otro diferente para el resto del mundo, de modo que, al girar hacia dentro la mirada que proyectamos hacia fuera, podemos entrenar otro modo de relacionarnos con lo que somos.

· · · · ·

Para encariñarnos con nuestros errores, podemos hacer esta práctica: cometamos un error pequeñito, insignificante, cada día. Lleguemos dos minutos tarde, pongamos una coma fuera de sitio, llevemos calcetines de distinto par... Si aprendemos a reírnos de ellos, a relativizarlos, cometer errores se acabará convirtiendo para nosotros en algo más normal de lo que lo es ahora. Si nos presionamos al máximo, tomemos un respiro y descansemos cinco minutos. En lugar de aspirar al 100% de perfección, alcancemos el 80% y, en las temporadas complicadas, conformémonos con el 60 por ciento.

Si esto nos cuesta, convirtamos esta práctica en un ejercicio regular. Intentemos que esos pequeños errores sean variados, incluso divertidos, y anotémoslos cada día en nuestra Libreta de Recursos Nutritivos. ¿Cómo fue nuestro error número 10? ¿Y el número 30? ¿Los vamos aceptando mejor? Poco a poco, veremos que empieza a producirse un cambio. Tengamos paciencia, requiere su tiempo.

• • • • •

Si hay aspectos de nuestro funcionamiento que nos traen problemas, podemos trabajar en ellos. No machacarnos por nuestros errores y nuestras imperfecciones no implica que renunciemos al **crecimiento personal y a mejorar nuestras habilidades.** Es bueno para nosotros y también para los demás. Por ejemplo, a veces nuestra dejadez debe pagarla nuestra pareja o nuestros compañeros de departamento, que se sobrecargan para conseguir ocuparse de todo lo que nosotros pasamos por alto. La autoaceptación no es necesariamente autocomplacencia, debemos evolucionar y aprender, pero para ello, es bueno ser comprensivos con nuestras dificultades. Eso se traduce en que, en lugar del «tengo que» o el «debería», que suele presionarnos y bloquearnos, nos recordemos los beneficios de entrenar las capacidades que no dominamos o de introducir cambios. Las dos grandes herramientas para desarrollar nuestra personalidad en una dirección que nos aporte no son la pelea o el automachaque, sino la **ayuda** y, sobre todo, la **paciencia con nosotros mismos.**

Sin ti no soy nada

Lo que nunca vino nos atrapa porque lo esperamos, incluso tercamente y contra toda evidencia. Esperamos que nos quiera quien nunca nos quiso, que nos entienda quien no se entiende ni a sí mismo, que nos tenga consideración el que nunca nos mostró respeto. Vamos a buscar agua una y otra vez a un pozo que sabemos de sobra que está seco.

A la vez, por dentro, nos negamos lo mismo que le pedimos al otro. No nos queremos, nos miramos con odio, con incomprensión, con desprecio. Además, quien depende de otros no se detiene a desarrollar en sí mismo ningún circuito de autoabastecimiento. No intenta aprender a regularse, porque está demasiado centrado en buscar a otro que lo calme, que le diga palabras tranquilizadoras, que lo quiera. En definitiva, se convence que lo que necesita debe venir de fuera. Pero esta creencia no surge sin más, tiene diversos orígenes.

Puede venir de haber crecido con un hambre insatisfecha de afecto, aceptación o reconocimiento, con una conciencia constante de necesitar y no tener. La trampa, como se comentó en los primeros capítulos, está en que esa ansia va asociada a la sensación de que lo que buscamos con desesperación no es exactamente lo que necesitamos, porque es esa la experiencia de insatisfacción que se quedó grabada. Aferrarnos, intentar una y otra vez que alguna vez llegue a parecerse a..., pero cuando lo encontramos, no acaba de llenarnos.

Quizá no veamos esa sensación subyacente durante un tiempo de espejismo, pues nos ciega la ilusión de que esta vez tendremos algo que será pleno y completo. La imagen idealizada de nuestro planeta de los deseos se pone por delante de la realidad hasta que nos aproximamos a esta. Conocemos a una nueva pareja y sentimos que encontramos el amor verdadero, la persona que nos dará todo lo que nos faltó. Hacemos un nuevo amigo y nos parece alguien fascinante. Tarde o temprano, a medida que observamos de cerca al otro, aparecen sus defectos y sus carencias, notamos los desajustes en la relación. Resurge entonces la sensación de que las cosas nunca son como esperamos, y vuelve a asentarse en nosotros la insatisfacción.

También puede que no hayamos conocido otra cosa que el hambre, así que nos acostumbramos a no sentirla. Quizá no seamos tan conscientes de que necesitamos al otro, porque hemos aprendido a negar nuestra necesidad, pero desde nuestros vacíos el enganche con alguien capaz de vernos, de llegar ahí de algún modo, es extraordinariamente potente. Si esa relación presenta problemas, podemos enfadarnos y volvernos dominantes y posesivos, consumir para tapar un malestar que nos cuesta reconocer que sentimos, intentar controlar a esa persona e incluso caer en tendencias autodestructivas o agresivas, porque sentimos la posibilidad de que esa persona no sea «nuestra» como un abismo aterrador. Empezamos a entrar en un terreno complejo en el que las relaciones se transforman en campos de batalla en los que solo hay perdedores.

En este territorio puede aparecer un elemento que será una tortura tanto para nosotros como para aquellos con quienes nos relacionamos: **los celos.** Si la otra persona establece otros vínculos, lo vivimos como una amenaza, de manera que la posibilidad de que pueda querer o preferir a otro nos resulta inasumible. Es un miedo sin nombre, como si eso nos pudiera desintegrar por completo, e iniciamos un baile que a nadie le gusta, preguntando sin que ninguna respuesta nos valga, comprobando compulsivamente, leyendo entre líneas y sometiendo al otro a una presión que deteriora o incluso hace imposible la relación, justo lo último que deseamos. «¿Cómo le hacen los que no sienten celos?», se pregunta quien los padece. Las personas que pueden vincularse sin celos asumen que las relaciones pueden tener fecha de caducidad, y esto no las angustia. Permanecen en la relación mientras les aporta, mientras es gratificante y las hace crecer, y se plantean la posibilidad de marcharse ellas mismas si fuera necesario. La idea de estar solas no las aterra, decir adiós les resulta posible. Es triste, claro, que una relación importante se acabe, pero no es «impensable». Para poder estar bien mientras dura, debemos **asumir desde sus inicios que una relación no debe ser obligatoriamente para siempre.** Para podernos vincular, debemos poder separarnos.

Entrar sin pelear

Cuando una relación se acaba, entrar sin luchar implica aceptar que el problema no está en el otro. Si alguien se aleja o quiere dejar la relación y no conseguimos asimilarlo, no podemos simplemente llorarlo cierto tiempo y luego seguir adelante, debemos **explorar nuestro interior.** Lo que tanto necesitamos en esa relación, ¿dónde nos faltó? Vayamos a nuestra infancia, la etapa en la que se llenan los depósitos de amor y seguridad que nos acompañan cuando salimos al mundo adulto. ¿Están medio vacíos? No nos peleemos tampoco con eso, verlo es solo el primer paso, ya encontraremos cómo ayudarnos.

¿Quién elige a nuestras parejas o a nuestras amistades? ¿El adulto que somos, que sabe que las personas son incompletas e imperfectas, o las necesidades que nadie cubrió cuando éramos pequeños? Si dejamos que el niño que fuimos escoja, lo hará con la mente infantil que busca absolutos, que no atiende a razones, que no piensa en las consecuencias. Aunque prestemos atención a esas necesidades (negarlas no es una opción), es importante no dejar que nuestras decisiones provengan directamente de ellas.

Notar que necesitamos algo más en las relaciones y buscarlo es positivo y, de hecho, muy necesario. Pero otra cosa muy distinta es vivir instalados permanentemente en la **insatisfacción relacional.** Lejos de llevarnos hacia lo que necesitamos, nos engancha en relaciones que no nos aportan, en las que esperamos que llegue algo que no termina de llegar, y cuando finalmente lo hace, sentimos que no es exactamente como esperábamos. Nunca sentimos que nos quieran lo suficiente, o como nos gustaría que nos quisieran. La insatisfacción es una pelea permanente contra la realidad, solo interfiere en nuestra búsqueda. Veamos algunas pistas que nos pueden ayudar a salir de la insatisfacción:

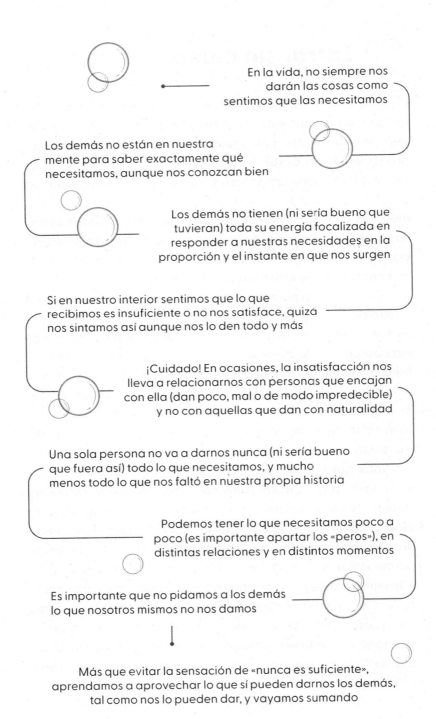

En la vida, no siempre nos darán las cosas como sentimos que las necesitamos

Los demás no están en nuestra mente para saber exactamente qué necesitamos, aunque nos conozcan bien

Los demás no tienen (ni sería bueno que tuvieran) toda su energía focalizada en responder a nuestras necesidades en la proporción y el instante en que nos surgen

Si en nuestro interior sentimos que lo que recibimos es insuficiente o no nos satisface, quizá nos sintamos así aunque nos lo den todo y más

¡Cuidado! En ocasiones, la insatisfacción nos lleva a relacionarnos con personas que encajan con ella (dan poco, mal o de modo impredecible) y no con aquellas que dan con naturalidad

Una sola persona no va a darnos nunca (ni sería bueno que fuera así) todo lo que necesitamos, y mucho menos todo lo que nos faltó en nuestra propia historia

Podemos tener lo que necesitamos poco a poco (es importante apartar los «peros»), en distintas relaciones y en distintos momentos

Es importante que no pidamos a los demás lo que nosotros mismos no nos damos

Más que evitar la sensación de «nunca es suficiente», aprendamos a aprovechar lo que sí pueden darnos los demás, tal como nos lo pueden dar, y vayamos sumando

Aprender a ver

Identifiquemos entonces, del modo más concreto posible, qué buscamos en el otro: ¿comprensión?, ¿reconocimiento?, ¿afecto?, ¿seguridad?, ¿alguien que nos rescate? Pensemos en qué momentos necesitamos más eso que buscamos: ¿cuando estamos solos?, ¿cuando algo sale mal?, ¿cuando tenemos un problema que no sabemos manejar?

Es importante **observar si nos damos internamente todo lo que esperamos en los demás:** ¿nos entendemos o nos juzgamos?, ¿somos comprensivos con nosotros mismos?, ¿nos focalizamos en lo que nos hace sentir seguros, lo buscamos, o estamos en alerta todo el tiempo, en modo «detección de peligros», sin movernos?, ¿reconocemos lo que tenemos de valioso, nuestros puntos fuertes, nuestros logros?, ¿somos nuestro mejor amigo o nuestro peor enemigo cuando estamos solos?, ¿cómo nos tratamos cuando algo nos sale mal?

Ayudar a crecer

Ahora, sembremos dentro lo que necesitamos que llegue de fuera. Con frecuencia, la búsqueda desesperada en los otros de lo que necesitamos está asociada a que no nos estamos aportando nada de eso, o incluso vamos en la dirección contraria. Buscamos cariño y nosotros nos miramos con rechazo, esperamos comprensión, pero nos juzgamos...

Cuando por dentro nos tratamos mal o nos autoabandonamos, aunque los demás nos den mucho, no calará por completo, es como si la última puerta no estuviera abierta. Nos alcanza lo del otro, pero no llega hasta el fondo, y el hueco nunca se llena. Los recuerdos tempranos de hambre emocional o insatisfacción siguen ahí. Al no desmontarlos, perviven en la base de nuestras expectativas, aunque no lo pensemos de forma consciente. La solución para la dependencia es desarrollar autonomía, y esto implica hacer crecer cosas dentro de nosotros, recurriendo a nuestros propios recursos, al menos en parte. Si el otro solo puede estar al 60%, esta situación no nos descolocará porque nosotros podemos aportar el otro 40%. Cuando funcionamos así, resulta más fácil que nuestros vínculos sean más saludables. Pedir todo y más al otro acaba ahogando la relación y alejando a las personas. Dejar correr el aire, dejar que las cosas evolucionen de forma natural, lleva a desarrollar vínculos más sólidos y duraderos.

Después de mirar hacia dentro, estaremos en mejores condiciones de absorber lo de fuera. Valorar lo que nos dan (retomemos el ejercicio del agradecimiento, si lo hemos dejado un poco abandonado), sin compararlo con lo que creemos que nos deberían dar. Saboreemos lo que recibamos, aunque solo sea un pedazo de lo que esperábamos. Y luego, movámonos por el campo probando las frutas que vayamos encontrando. Podemos tener lo que necesitamos, pero a veces hay que salir a buscarlo y, cuando lo encontramos, dejarlo entrar. De vez en cuando, llega así alguna cosa que vale mucho la pena. Si nos apetece, quedémonos cerca, y si no puede ser, sigamos andando.

¿Cuándo sabremos que está resuelto?

Si venimos de historias difíciles, podemos tener una imagen idealizada de qué significa estar bien, mezclada con una presión importante por estar allí, un machaque por no haber llegado ya y, a la vez, una creencia de fondo de que eso no va a ser posible para nosotros. Este coctel supone un nudo importante, así que nos veremos trabajando duro para mejorar nuestro funcionamiento emocional, sintiendo el peso de un lastre que no nos lo pone fácil y nos lleva a sentirnos derrotados por anticipado. Lo más importante frente a esto es tomar perspectiva y tener paciencia con nosotros mismos.

Antes de proseguir, y al hilo de lo que acabo de decir, aquí van algunas opiniones mías que pueden servir para la reflexión:

- No hay un listón al que debemos llegar.

- La «normalidad» probablemente no existe, y desde luego no es un estereotipo que tengamos que alcanzar.

- Podemos aspirar a un nivel de sufrimiento más bajo, pero en la vida hay cosas que nos harán sufrir en algún momento.

- Podemos llevar mejor los problemas, pero siempre surgirán algunos con los que no sabremos muy bien qué hacer.

- Podemos gestionar mejor nuestras emociones, pero si vienen tormentas grandes, las oleadas emocionales también lo serán.

- Aunque hayamos resuelto emocionalmente nuestras experiencias difíciles, de vez en cuando nos toparemos con algo que no nos habíamos planteado.

- El proceso de crecimiento y aprendizaje vital no se completa nunca (por suerte).

- Y la última, pero no menos importante: de vez en cuando, es normal tener un día de mierda.

· · · · ·

La imagen ideal que se forma en nuestra mente cuando venimos de la ausencia, el vacío y el dolor del abandono y las pérdidas suele estar, por lo general, más allá de lo posible. Como comentaba al hablar de los planetas imaginarios, podemos fantasear con alguien que nos dé tanto amor que llene los agujeros sin fondo que sentimos dentro, con un lugar brillante que carezca de sombras, con algo que no nos recuerde en absoluto lo vivido. Pero cuando nos encontramos que todo esto, como es obvio, resulta inalcanzable, creemos que solo nos queda rendirnos y claudicar, sintiendo que nunca tendremos lo que tanta falta nos hizo. Como a lo largo de este libro hemos insistido en **la importancia de buscar y apreciar las cosas pequeñas**, quizá a estas alturas ya no tengamos una perspectiva tan radical, pero conviene recordarlo muchas veces porque la inercia es potente.

El mundo real en el que sí podemos aspirar a vivir es un lugar en el que hay pérdidas, pero estas no nos impiden establecer nuevos vínculos. Un lugar en el que no todo permanece, pero lo disfrutamos a fondo mientras dura. Un lugar en el que hay dolor, pero también abrazos en los que fundirnos cuando nos atraviesa. Un lugar en el que siempre aprendemos y crecemos, sabiendo que este proceso nunca estará completo. Un lugar en el que nada es para siempre, pero aun así hay momentos eternos.

Diluir la vergüenza

Haber sido abandonados, no acompañados o traicionados por alguien esencial para nosotros hace crecer preguntas terribles en nuestro interior: «¿qué tengo de malo para que esa persona no haya apostado por mí», «¿soy tan minúsculo o defectuoso que no fui motivo suficiente para que se quedara?», «¿acaso no soy digno de que alguien me ame?». Estas heridas nos hacen plantearnos que no merecemos lo que a otros seres humanos les es dado, que no tenemos valor, que no somos nada. Y en torno a estas ideas se halla, a menudo, la emoción de la vergüenza.

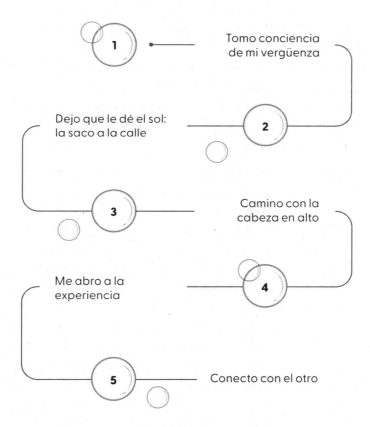

A diferencia de la culpa, que nos lleva a decir «hice algo realmente malo», la vergüenza nos convence de que «hay algo muy malo en mí». Ya no solo sentimos esta emoción, sino que sentimos que nosotros somos indignos. Como con todas las emociones, para poder ventilar y dejar ir la vergüenza, debemos abrirle la puerta. El problema es que lleva consigo la tendencia a escondernos, a apartarnos de la mirada de quien la puede activar y del grupo al que nuestra sensación nos dice que no pertenecemos. Para alguien que viene del abandono y la ausencia, esto es algo terrible, porque solo la conexión profunda con otros puede curarnos del vacío y la desvinculación. La emoción que sentimos nos lleva, en este caso, al lugar opuesto a lo que necesitamos.

La vergüenza crece en la sombra, se incuba y alimenta como el musgo en el refugio interno del que se hablaba en capítulos anteriores. Para sacarla fuera y airearla, necesitamos poner en marcha un proceso con el que nuestra vergüenza no estará muy de acuerdo, pero que le hará bien:

1. **Tomamos conciencia de ella.** La vergüenza se puede esconder debajo de otras emociones. Puede estar debajo de nuestra rabia contra los que no nos dieron lo que nos faltó o contra el mundo que no nos compensa por ello. Puede estar mezclada con nuestra tristeza, susurrándonos al oído que somos débiles por no tener fuerzas, culpables por no sentirnos mejor. Puede estar debajo del miedo, porque lo que nos aterra es sentir esa vergüenza nuclear que hace que nos desmoronemos y nos sintamos morir. Puede estar mezclada con la culpa y el asco. Puede, paradójicamente, activarse cada vez que disfrutamos de algo, repitiéndonos que en realidad no lo merecemos. Darnos cuenta de que lo que sentimos es vergüenza abre el proceso para que pueda evolucionar y también para darnos cuenta de cómo nos influye. Importante: digámonos «me da mucha vergüenza», pero evitemos el «soy una vergüenza». Ninguna emoción nos define como seres humanos, cada una de ellas es solo uno de los colores con los que pintamos el mundo.

2. **La sacamos a la calle.** La vergüenza se esconde y, en la oscuridad, crece más y más. Ventilar, dejar entrar el aire y, sobre todo, sacarla a pasear bajo la luz del sol la hace ma-

nejable y la calma. Suele ser más intensa en los primeros momentos, pero si la seguimos sacando a pasear, pese a la inercia que nos empuja a escondernos, acabará amainando. Cuando la vergüenza dicta nuestros actos, lo que hacemos se orienta a mantenerla lo más baja posible. Si queremos ayudar a que nuestra vergüenza evolucione, debemos procurar notarla un poco, llamando a otras personas o saliendo a la calle. Es decir, hagamos algo que nos dé vergüenza, sabiendo que la emoción nos acompañará. Si nos cuesta, hagamos solo pequeñas cosas, para acostumbrarnos poco a poco. Cada vez que lo consigamos, aunque sea a medias y con dificultades, apuntémoslo en nuestra Libreta de Recursos Nutritivos bajo este título: «Estoy orgulloso de...».

3. **Caminamos con la cabeza bien alta.** Muchas personas dejan de salir a la calle, literalmente, o lo hacen como de incógnito, mirando al suelo, evitando las miradas, yendo solo por sitios donde esperan no encontrar a nadie. Incluso cuando se hallan en casa, están como encogidos, y se encogen aún más cuando piensan en algo que les genera vergüenza. La postura corporal es consecuencia de lo que sentimos, pero a la vez lo retroalimenta.

Si tenemos tendencia a encogernos o encorvarnos cuando pensamos en algo que nos avergüenza, dejémonos llevar por esa posición mientras pensamos «yo valgo». Probablemente nos cueste, pero intentémoslo.

Ahora, cambiemos nuestra postura. Por ejemplo, con el cuerpo erguido y levantando bien la cabeza, caminemos en esta posición mientras volvemos a decir «yo valgo». ¿Suena igual?

• • • • •

Si tenemos tendencia a infravalorarnos, un simple cambio

en la posición de nuestro cuerpo no la eliminará, pero tendremos una mayor conciencia sobre nuestra sensación de vergüenza y su influencia.

4. **Me abro a la experiencia, conecto con el orgullo y la dignidad.** El orgullo compensa en cierto modo la vergüenza. Recuperar momentos en los que nos hemos sentido orgullosos de nosotros, pensar en cosas que hemos hecho que podrían generarnos satisfacción (si fuéramos más generosos con nosotros mismos), o en personas que nos transmitieron que se enorgullecían de nosotros, puede diluir la vergüenza. Eso sí, debemos dejar que las dos sensaciones se mezclen, yendo de una a otra con suavidad para que esto ocurra. Si salimos de repente de la vergüenza y solo queremos notar el orgullo, no funcionará más que de modo temporal. Hagámoslo despacio y con paciencia.

Anotemos en nuestra **Libreta de Recursos Nutritivos**, bajo el título «Estoy orgulloso de...», cada cosa, antigua o reciente, por la que sintamos orgullo, aunque sea una pizca, o que hizo que alguien lo sintiera por nosotros. Repasemos esta lista a diario y notemos la sensación positiva que nos genera. Seguramente estará mezclada con otras sensaciones negativas, pero, a estas alturas del libro, ya hemos practicado cómo centrar nuestra atención donde nos interesa sembrar. Ahora, pensemos en una cosa que nos dé algo de vergüenza. Después, repasemos poco a poco la lista, desde el principio, para reconectarnos con nuestra sensación de orgullo. No se trata de eliminar la vergüenza, sino de que no sea una emoción aislada que nos engulle. Practiquemos este sencillo ejercicio a diario, nos ayudará a desarrollar una visión más equilibrada y amplia.

Conectemos con nuestra dignidad, intrínseca al ser humano; es fundamental, incluso más que el orgullo. Cambiemos el «soy una vergüenza» por el «soy una persona (larga pausa para tomar conciencia de lo que implica esta palabra) que siente vergüenza».

5. **Conectamos con el otro.** La vergüenza nos lleva a autoexcluirnos, a sentir que no podemos formar parte. Por ello, la verdadera solución pasa por la reconexión. Debemos poder contar eso que nos avergüenza, compartirlo con otra persona, cara a cara, mirando a los ojos. Esto nos puede parecer imposible, sentimos que nos «morimos de vergüenza», así que vayamos por partes. Primero, contemos solo algún detalle desde la distancia (por ejemplo, escribiéndolo por correo electrónico, por carta...), o al menos intentemos expresarlo con nuestras palabras. Después, hagámoslo directamente, aunque de un modo tan progresivo como nos sea necesario. A menudo, las personas que acuden a mi consulta traen cosas escritas porque se les hace muy difícil decírmelas de viva voz. Busquemos la manera que nos resulte más fácil. Y, por supuesto, elijamos bien a quien contarlo, busquemos un buen interlocutor.

Si contamos nuestra historia poco a poco, acabaremos encontrando a alguien que resuene con ella, que se haya sentido como nos sentimos nosotros. Entonces, podremos experimentar la sensación que da escuchar un «yo también...». En ese momento, hemos vuelto a pertenecer.

Si por ahora nos cuesta explicarlo, pensemos que lo que nos avergüenza no es algo único: muchas más personas en el mundo han sentido y sienten lo mismo. Pensemos por un momento en todos ellos. Como si visualizáramos el globo terráqueo y viéramos en él lucecitas que representan a todos los que resuenan con nosotros en la misma frecuencia. No estamos solos, formamos parte de una gran red universal, solo que ninguno de sus miembros lo sabe. Quizá se cruzan por la calle a diario, pero no se han dado cuenta porque ambos miran siempre al suelo. He visto el efecto positivo de compartir lo que nos es difícil en los grupos de pacientes. Sentir que lo que uno lleva dentro, eso tan difícil de mostrar, está también en los que están ahí contigo, aunque no se hable ni siquiera de ello, genera un efecto más potente que cualquier terapia individual.

6. **Nos abrimos a la experiencia.** Ahora toca salir del retraimiento y del aislamiento para volvernos a mover por el mundo. El nudo se habrá deshecho cuando llevemos a cabo cosas que nos avergonzaban y, al ver que son buenas para nosotros, las sigamos haciendo hasta «perder la vergüenza». Habremos dejado de tener miedo a sentirnos así. Alguna vez volveremos a avergonzarnos, por supuesto. La vergüenza es una emoción social y necesaria, imaginemos las consecuencias que tendría vivir en un mundo sin ella. De hecho, incluso necesitaríamos sentir vergüenza de muchas cosas que hacemos como sociedad, solo que es importante que esté repartida.

Parte 5

DE PIE ANTE LA VIDA

Vivir nuestra vida
en primera persona

Podemos resignarnos por un tiempo, asumir que lo que querríamos no vendrá, pero esto no es necesariamente algo que sentimos como permanente. La **resignación** es reversible, como también lo es la **rendición**. Los ejércitos se rinden en unas batallas, pero siguen viendo posible ganar en futuras contiendas. Podríamos decir que la vida es una sucesión de rendiciones y victorias, de periodos de búsqueda y resignación.

Sin embargo, declararnos derrotados es otra cosa. La **derrota** es el final de todos los intentos. En su libro *Traumatization and Its Aftermath* (Routledge, 2023), la psicoterapeuta estadounidense Antonieta Contreras afirma que la reacción de derrota nos deja anclados en una sensación de victimización y dificulta que nos sintamos con posibilidades de tener éxito en cualquier cosa que nos propongamos. Desaparece el último reducto de resistencia interna, y con ella, cualquier esperanza de llegar a otro lugar. De algún modo, nos damos por perdidos, claudicamos ante todo intento, antes incluso de que nos planteemos el intentarlo. Y esta posición-trampa agranda y profundiza nuestro trauma. Se convierte en la cerradura de nuestro refugio interior, y es como una fuerte inercia que nos hace dar por sentado que no lograremos nada alejándonos de él. Cualquier idea que nos venga a la mente se evaporará con un «para qué intentarlo, no vale la pena». Del mismo modo, esta inercia nos cierra a abrirnos, a compartir nuestro dolor y nuestras dificultades, pensando que será estéril porque nadie nos escuchará ni nos entenderá.

Salir de la derrota no es sencillo, debemos ir precisamente contra la inercia que nos frena. La idea de que no podremos con nada se plantea como una verdad incuestionable, como un canto de sirena del que es difícil escapar. Desde ahí, el «si quieres, puedes» se vive como la más profunda de las incomprensiones, y cualquier sugerencia para movernos hacia lo que necesitamos nos incrusta más en el «no puedo».

En esta ruta es normal atravesar una serie de lugares, pero no es bueno para nosotros quedarnos demasiado en ellos. Cada paso es un avance, pero también un principio.

La sensación de derrota nos impide empezar este camino, por lo que es necesario entenderla como una reacción más ante las historias difíciles. Veamos qué pasa si cambiamos las palabras: «Sí, me rendí..., pero la historia no ha terminado». El cambio quizá sea como el que se ilustra en el gráfico siguiente, pero fijémonos en que en ningún momento aparece un «puedo con todo». Demos pasos cortos, que estén bien asentados en el suelo. Es importante que hagamos pequeños cambios, realistas, para recorrer el camino hasta el cambio que buscamos.

La psiquiatra e investigadora estadounidense Judith Herman afirma que el sobreviviente de una experiencia traumática debe sentirse a cargo de su propia recuperación, debe ser un agente activo de su proceso hacia las muchas maneras de estar bien. Cuando trabajamos con lo que faltó, con lo que no pasó, ese proceso implica empezar desde cero en esto de adoptar una posición activa en esa reconstrucción. Para mí, la terapia debe estar llena de experimentos, y eso implica movimiento. Debemos desarrollar la confianza en nuestra capacidad de influir en el mundo, de tomar decisiones y de buscar lo que necesitamos. También necesitamos ver que podemos influir sobre nuestras emociones, encauzar nuestros pensamientos (aunque se pongan tercos) y reconectarnos con nosotros mismos y con los demás.

Es culpa mía, hay algo malo en mí.
Me trataron así porque yo lo provoqué. Me merezco estar mal

Soy víctima de lo que me pasó, la responsabilidad era de los que me tenían que cuidar. No puedo hacer nada para salir

He sobrevivido a mis heridas, algunas ya no duelen y son cicatrices. Puedo empezar a darme lo que me faltó, ya no estoy en manos de otros

Me pasaron cosas, pero no me definen.
No soy una persona abandonada ni traumatizada, eso solo es una parte de mi historia

Soy una persona, soy normal, vengo de donde vengo. Ahora yo decido, entre los caminos que tengo ante mí, adónde quiero ir

Tomar las riendas de nuestra vida es **vivir en primera persona**, y no definirnos por lo que nos hicieron, por lo que no nos dieron o por lo que no pasó. También es aprender a dar más valor a nuestra perspectiva que a la de los otros, a dar más importancia a lo que podemos hacer con lo que nos pasa que a lo que los demás deberían cambiar. Esto nada tiene que ver con el «si quieres, puedes», porque esta frase tan grandilocuente olvida que no todo se puede, que no siempre tenemos fuerzas y que algo puede ser tremendamente difícil. Pero hay un lugar entre el «no puedo, soy incapaz» y el «puedo con todo», un espacio en el que sacamos el máximo partido a nuestro margen de maniobra. Para salir de la derrota, no necesitamos decirnos «todo va a ir bien» o «todo está en nuestra mente» y que lograrlo es un puro ejercicio de voluntad. Salir de la derrota pasa por no dar por perdidas las batallas que aún no hemos librado, pasa por sentir que no está todo escrito, pasa por agarrar el bolígrafo y **decidir hacia dónde va la trama de nuestra vida.** Somos a la vez el personaje central de nuestra historia y el escritor que desarrolla cómo transcurre.

Las personas que nunca tuvieron quien las viera o las hiciera sentir especiales andan muchas veces por el mundo con los brazos caídos, y ni siquiera cuando alguien les tiende una mano son capaces de agarrarse a ella. En ocasiones, los que fueron abandonados siguen con los brazos tendidos, a medias entre la necesidad desesperada de que llegue eso que se fue, y la convicción profunda de que no lo hará o que será frágil e incompleto. Debemos aprender a usar nuestras manos para buscar, para frenar, para apoyarnos... Incluso caernos al suelo es menos grave cuando ponemos las manos para reducir el impacto. La dificultad para cambiar esta tendencia no es solo el sonido del vacío que nos jala hacia atrás susurrándonos, «¿para qué intentarlo?», «¡no vale la pena!», sino una señal de que, literalmente, nuestros músculos están atrofiados o no sabemos utilizarlos. Empecemos por cosas mínimas y repitámoslas muchas veces hasta que aprendamos la ruta.

Veamos unos ejercicios simples que implican movimiento.

Pensemos paseando, pues **pensar en movimiento** es distinto que hacerlo en el sillón de casa. Podemos pasear para distraernos o pasear para pensar (ambas cosas están bien). Si lo hacemos para pensar, elijamos un tema, notemos qué nos hace sentir por dentro, y pongámonos a caminar un rato, a buen paso. La idea no es agotarnos para anular la sensación de malestar, sino sacarla a pasear (notándola) para digerirla por el camino. Y en la parte final del paseo, podemos fijarnos ya en lo de fuera y salir, aunque sea un poco, de nuestras sensaciones internas y pensamientos.

Bajemos a **pensar en un lugar que tenga luz** y donde veamos moverse el mundo: un parque, una playa... Pensar a oscuras, en la cama, con las persianas bajadas, suele ayudar a entrar en bucle: lo hacemos para «desconectar», pero el problema es que eso no hace que nuestra cabeza baje las revoluciones. La oscuridad no es un buen lugar para entrar en contacto con nuestros abismos, y menos aún cuando se trata del vacío y la soledad. Es como una deriva natural dejarnos ir hacia el lugar donde se generaron esas sensaciones, pero eso es lo último que necesitamos. Lo que nos ayudaría es diluir el vacío en cualquier cosa que implique luz y vida. Si vemos que nos cuesta, esto quiere decir que vamos contra la inercia, luego estamos en el buen camino.

Si pensamos en algo que nos genera impotencia, localicemos la sensación en el cuerpo y **cerremos fuerte los puños.** ¿La sensación sube, baja, cambia? Observemos. Ahora imaginémonos diciendo o haciendo algo con la situación o las personas implicadas. Recordemos que imaginar y hacer no son lo mismo, no hacemos daño a nadie cuando imaginamos. Mantengamos los puños apretados mientras lo hacemos. Después, **vayámoslos abriendo poco a poco** y notemos qué pasa con la sensación del cuerpo. Repitamos este ejercicio en distintos momentos. Ya decidiremos más adelante qué hacer en la situación real.

Hagamos un pequeño cambio en la dirección que queremos. Si no conseguimos ordenar una montaña de papeles, hagámoslo solo con uno, nunca con dos, cada día. Colocamos el «papel del día», y luego a otra cosa. Si vamos por todo, quizá no salgamos del bloqueo o agotemos nuestras escasas energías en un solo día sin acabar de ordenar la montaña de papeles, con lo cual luego nos vendrá un bajón. Sí, es cierto que mover un papel no parece nada, pero el objetivo es neutralizar la impotencia. Cuando consigamos este pequeño logro, ya iremos con los problemas más graves.

Pensemos en alguien que nos haga sentir mal de algún modo (probemos con cosas pequeñas), y coloquémonos frente a una pared, a poca distancia, y apoyémonos en ella con las manos, **empujando.** Imaginemos que podemos enviar a través de la pared una parte de la sensación que sentimos, y que así se la devolvemos al otro. La pared es el límite entre el otro y nosotros, y nuestras manos son un filtro que puede decidir en parte qué entra y qué no. Imaginemos que las palabras o la actitud del otro rebotan en la pared y que no las dejamos entrar. Notemos nuestra sensación y cómo nuestras manos empujan la pared. ¿Cambia algo la sensación al final? Repitamos el ejercicio de vez en cuando.

Si nos cuesta **expresar**, escribamos, dibujemos, saquemos nuestras emociones afuera. Cantémoslas. Entremos en un grupo de teatro aficionado para representarlas. Participemos en algo que nos lo ponga fácil, o al menos no demasiado difícil. A menudo, nos equivocamos hasta dar con algo que parece encajarnos. Hasta que un ejercicio no se repite muchas veces no se disfruta de él, y si estamos saliendo de inercias muy pesadas, hay que tenerse mucha paciencia. Llegará un momento en que nos responderán los brazos y las piernas, y finalmente nos resultará natural.

· · · · ·

Cuando nos pongamos en movimiento, anotemos en nuestra **Libreta de Recursos Nutritivos** cada pequeño milímetro que recorramos. Recordemos: no hay paso pequeño en este camino.

· · · · ·

Gratitud

Vimos en los distintos capítulos la importancia de **entrar sin pelear** en las experiencias de ausencia, pérdida o abandono. Es muy normal que el dolor nos genere por momentos un profundo resentimiento por lo que no tuvimos, por lo que no pudo ser, por lo que no pasó, pero ese resentimiento supone escarbar en la herida y no ayuda a que esta cicatrice bien. También comentamos la importancia de **ver**, porque las experiencias vividas pueden haber configurado nuestro cerebro para que se focalice en posibles amenazas que nos hagan sentir dolor de nuevo, que nos traigan todo lo que este nos podría remover, en las dificultades que encontraremos y que creemos insalvables, o en las pruebas de que no vale la pena (o peor aún, de que no valemos la pena). Esta focalización consigue que percibamos solo esta parte, muchas veces amplificada, y nos ciega a las experiencias de conexión, de reconocimiento, de aceptación, que nos rodean, las que sí están ahí. De modo que recorramos estas últimas sensaciones, porque son las semillas desde las que puede **crecer** lo que necesitamos, lo que irá llenando los huecos de lo que no pasó, lo que nos hará sentir que sí podemos tener lo que necesitamos.

• • • • •

Este es el momento de dar un buen repaso a nuestra Libreta de Recursos Nutritivos. ¿Cómo va nuestra lista de personas a las que agradecemos algo? ¿La hemos ampliado? ¿Hemos recogido esos momentos en los que sí nos dieron un poco de lo que necesitábamos? Repasémosla y detengámonos al menos un par de minutos en cada una, para recrear el momento y notar las sensaciones que nos vienen con el recuerdo. No forcemos nada, simplemente observemos y concedámonos tiempo. Y cuando sintamos el agradecimiento, digámosle internamente a esa persona «gracias por esto, por estar ahí». Fijémonos en la sensación más positiva que notamos al decir esta frase.

• • • • •

El siguiente ejercicio quizá nos resulte más difícil, así que no lo hagamos si no estamos preparados. Las personas somos complejas, con claroscuros y matices. Aunque tengamos una relación problemática o escasa con algunas de ellas, quizá también nos hayan aportado un poquito de lo que necesitábamos en ciertos momentos. Un profesor que nos metía presión, quizá un día nos reconoció un logro. Un compañero que no nos hacía mucho caso quizá un día compartió algo con nosotros. Un padre o madre que no nos prestaba atención quizá veía los deportes con nosotros. Aunque lo rodearan muchas cosas negativas, en todos esos casos hubo algo que en un momento, por pequeño e incompleto que fuera, sí nos aportó o nos confortó. Lo hubo.

Sin forzarlo, centrémonos en esos momentos, sin comas y sin peros. Es decir, observemos lo que tuvo de bueno y lo que nos aportó, y dejemos en este instante a un lado los inconvenientes que le vemos a la parte que no fue positiva. No estamos negando los aspectos negativos, pero como habitualmente tendemos a focalizarnos en ellos, nunca llegamos a digerir ni asimilar esos otros pequeños momentos en los que hubo nutrientes emocionales. Es más fácil que nos centremos en esos momentos nutritivos cuando hemos sido capaces de abrazar el dolor de lo que nos faltó, de lo que no pasó. Cuando ya lo procesamos, la mente deja de arrastrarnos y podemos rescatar los instantes que se merecen un «gracias». Si podemos acceder a ellos, aunque sea apartando los «peros», detengámonos en ellos para notarlos y, desde ahí, **demos las gracias a los que nos apor-**

taron los pequeños momentos que merecen ser agradecidos. Veamos qué sensación nos produce. Si nos resulta complicado, entendámonos también en esa dificultad.

Una vez llegados aquí, **es la hora de darnos las gracias a nosotros mismos.** Como si nos paráramos un buen rato a revisar el camino que nos trajo hasta este momento, diciéndonos: «Gracias porque, a pesar de tantos intentos fallidos, lo he intentado de nuevo. Gracias porque, habiendo pensado tantas veces que no valía la pena, hoy estoy aquí leyendo este libro. Gracias por cada pasito que me ha hecho avanzar, aunque haya ido para adelante y para atrás. Gracias por los momentos en los que me he entendido, que me he tenido paciencia, que he sido comprensivo con mis dificultades. Gracias por haber peleado, independientemente del resultado, y gracias también por tomarme a veces un respiro...».

$$\bullet \quad \bullet \quad \bullet \quad \bullet \quad \bullet$$

Escribamos en nuestra Libreta de Recursos Nutritivos una lista, lo más larga posible, de cosas que agradecer a otras personas y también por las que darnos las gracias a nosotros mismos. Detengámonos en cada punto, notemos la sensación que produce. Demos también las gracias a la persona que éramos en cada momento de nuestra vida, por haber hecho lo que pudo con lo que tenía entonces. Notemos cómo nos hace sentir esa sensación, y guardémosla en nuestro interior. Una buena costumbre puede ser darnos todos los días las gracias por algo, y mostrarle gratitud a alguna persona. Al acabar cada jornada, completemos nuestra lista con pequeñas cosas, pequeños momentos, que merecen un agradecimiento, así no nos pasarán desapercibidos.

$$\bullet \quad \bullet \quad \bullet \quad \bullet \quad \bullet$$

Esperanza

En las historias de ausencia, de abandono, de miedo, de traición, hacer crecer lo que no hubo, llenar el vacío de lo que no pasó, es lo más importante. Salimos a andar por una tierra seca y sin nutrientes, en la que no se sembró nada que dé frutos, y necesitamos trabajar el terreno, plantar simientes, regarlas... Es un trabajo de reconstrucción. Y entre todo lo que debemos ayudar a desarrollar, **la semilla más importante es la esperanza.**

Para tener esperanza no hace falta creer que todo va a ir bien. Solo necesitamos saber que quizá mañana se abran posibilidades que ahora mismo no podemos ni imaginar. Pero cuando vivimos situaciones sin salida, la esperanza es demasiado dolorosa y debemos aprender a ahogarla. Si nunca viene lo que necesitamos, es mejor no notar que necesitamos. Nos hacemos a la idea de que no sucederá nunca para protegernos de la ilusión, para evitar el dolor por lo que no pasó. Si pensamos en lo que podría ser, en que quizá esta vez sí pasará, nos ilusionamos. Y la decepción de que, una vez más, eso no sucede duele demasiado. Puesto que sin ilusión no hay decepción, aprendemos a vivir en la anestesia.

La desesperanza, además, es terca y se mantiene apartando toda amenaza de esperanza. Cuando vemos ilusionada a otra persona, nos puede resultar incluso ofensivo, quizá nos enfademos o la descalifiquemos tratándola de ilusa, errada o simple. Si alguien nos da razones para ilusionarnos, nos ofendemos también porque, en vez de tomarlo como un intento de ayuda (y, por tanto, como algo bueno), lo vemos como una señal de incomprensión, de que no se está poniendo en nuestro lugar. Si sentimos una pequeña llama de ilusión, la desesperanza soplará fuerte para apagarla, diciéndonos que no durará, o que no brilla tanto como lo hizo en otros tiempos o como nos gustaría que lo hiciera.

La esperanza se convierte así, paradójicamente, en una enemiga que intentamos derrotar para sobrevivir a la ausencia y al dolor. Sin embargo, para recuperar la esperanza, debemos abrazar ese dolor y, lo que es aún más difícil, también el vacío que sentimos dentro. Es del dolor y del vacío de los que nuestra desesperanza trata de protegernos, pero solo de abrazar nuestros abismos puede nacer el calor. Desde ahí quizá empiece a abrirse la puerta para asomarnos afuera y dejar que nos dé la luz. Solo así nos recargaremos de la esperanza suficiente para pensar en volver a intentarlo cuando nuestros intentos salgan mal.

Es muy posible que, cuando volvamos a sentir, aunque solo durante un pequeño momento que vivimos realmente, nuestra amiga la desesperanza vuelva a visitarnos. Querrá evitarnos las naturales decepciones de la vida, y nos envolverá con preguntas como «¿valdrá la pena?» y «¿tiene sentido todo esto?». Así, la desesperanza hará que miremos los problemas que tenemos y no veremos cómo hemos evolucionado o qué cosas nos ayudan, sino que nos diremos «¿me curaré?», «¿tendré solución?».

En realidad, como decía en mis libros anteriores, **curarse es cuidarse.** Y, sobre todo, aprender a cuidarnos más cuanto peor se pone la vida. En el caso concreto de las historias de lo que no pasó, cuidarnos es **sembrar y ayudar a crecer** lo que no había en aquellos momentos. Es aprender a alentarnos cuando la cosa se tuerce y nos venimos abajo, aprender a no rendirnos, a animarnos a salir, aunque todo nos arrastre en dirección contraria. Este es el cambio nuclear.

Pero ahí no acaba todo.

Porque cuando salimos al mundo, debemos aprender a vivir en él. A vivir, no solo a sobrevivir esperando que acabe el día, que acabe el mes, que llegue algo que esperamos. VIVIR, con mayúsculas, es aprender a **disfrutar de los momentos,** de los encuentros, y hacerlo sin buscarlos desesperadamente y sin anticipar que no serán buenos. Aprender a **estar en las cosas,** a **tomar lo que viene tal como es,** y a **movernos hacia lo que**

necesitamos. Aprender a **explorar**, a cambiar la ruta si hace falta, a atravesar tempestades sabiendo que siempre terminan, que siempre pasan.

• • • • •

Si nos ha ayudado escribir en nuestra Libreta de Recursos Nutritivos, podemos mantenerla como compañera de viaje. Las viejas inercias han estado ahí mucho tiempo, y conviene que las tengamos en cuenta. Repasemos nuestra libreta con frecuencia, para ver cómo hemos logrado avanzar, y apuntar las nuevas cosas que van surgiendo nos ayudará a reforzar lo conseguido y a consolidarlo. Si notamos que volvemos atrás, releerla nos recordará que no volvemos a la casilla de salida, que todo lo que ha ido creciendo en nosotros sigue ahí, que las sensaciones han echado raíces. Y si repasamos nuestros muchos recursos nutritivos, podremos recuperarlos siempre que los necesitemos. Cuando conseguimos hacer crecer algo donde no había nada, cuando llenamos el vacío de lo que no pasó, rescatarlo es mucho más fácil.

• • • • •

Ahí es donde la esperanza se instalará dentro de nosotros. Sabremos que algo nos llevaremos de la vida y también que algo nuestro dejaremos en ella. Sentiremos que se puede vivir en este mundo complejo, defectuoso y limitado, y encontraremos cosas en él que valgan la pena. Entenderemos que **el sentido de la vida no está en las grandes respuestas, sino en los pequeños momentos.** Y comprenderemos que habrá días malos, pues la vida es un conjunto de tormentas interrumpidas por jornadas de calma. La diferencia es que, ahora, estamos de nuestro lado.

EPÍLOGO

Preparar la tierra, sembrar, cosechar

Si has llegado hasta aquí es posible que hayas hecho un recorrido que comenzó con una pregunta: *¿de qué tratará este nuevo libro de Anabel?* Pero ya sabemos que, por mucho que las redes sociales nos puedan anticipar, lo cierto es que sentarse a recorrer las páginas de un libro escrito por Anabel es siempre un viaje especial y sorprendente.

En este viaje, Anabel nos trae algo que ocurre mucho y de lo que no se habla lo suficiente: lo que no pasó. Estamos acostumbrados a escucharla hablar de los efectos de lo que sí pasó, de eso que deja una huella tangible en la memoria (incluso cuando la memoria es esquiva y nos ayuda a olvidar un poco). Pero en este libro ella nos ha hablado de una experiencia que también ha dejado huellas, solo que lo ha hecho en el más absoluto de los silencios. Y es tal vez ese silencio el que dificulta muchas veces reconocerlas, porque esas huellas no tienen que ver con lo que pasó, con lo que hubo de más —y que no tendría que haber ocurrido— en los cuidados parentales, sino con lo que tendría que habérsenos dado y que no se nos dio como niños. Las cicatrices que nos dejaron tienen forma de hueco, y a veces es muy difícil recordar un hueco.

A medida que has ido avanzando en este viaje, tal vez te hayas reconocido en estas páginas: en las que se habla de personas que sufrieron negligencia afectiva en su infancia y que muchas veces no son conscientes de lo que les faltó, hasta que un día se dan cuenta de que otras personas tuvieron algo que ellas no conocieron; o de personas que son conscientes de que padecieron negligencia y abandono, y que lo reclaman a viva voz.

Si te has reconocido en alguna de estas páginas, es probable que hayas hecho el ejercicio de encontrarte por primera vez con la forma y la textura de esa necesidad que no fue satisfecha; o que hayas ejercitado el mirar con detenimiento ese gesto mínimo y nutriente de alguien en el pasado que, aunque no fuera exactamente la persona que debía hacerlo, sembró algo: una semilla dormida que Anabel te ha enseñado a reconocer y a regar con cuidado y paciencia. Sabemos que ningún árbol crece frondoso inmediatamente después de haber regado su semilla por primera vez, ¿no es así? Se requiere paciencia y constancia, tal como en cada práctica a la que Anabel nos ha invitado en este libro.

En sus libros y en todo lo que nos transmite, Anabel tiene un estilo en el que nos enseña que quedarnos estancados en un punto muerto no es una opción. No lo es para nosotros, como tampoco lo es para las futuras generaciones: nuestros hijos, por ejemplo. Por un breve instante me pongo el traje de terapeuta infantil y puedo escuchar el reclamo por lo que no hubo y merecíamos; es más que legítimo. Sin embargo, permanecer en ese legítimo reclamo, abonado por el enfado y la tristeza de no haber sido tratados como merecíamos, ¿qué consecuencias podría tener en nuestros hijos? ¿Les daríamos todo para que no les falte nada, o los perderíamos de vista porque nuestras necesidades no fueron satisfechas?

De cara a la adversidad tenemos dos opciones: seguir llorando o sanar las heridas que nos dejó, porque, como ya sabemos, *las cicatrices no duelen.*

Anabel, por supuesto, elige el camino de sanar las heridas: y eso es lo que nos ha tratado de enseñar en este libro, haciendo un énfasis amable, pero constante, en no aferrarnos a lo que nos faltó, a lo que no sucedió. Por el contrario, nos ha invitado a buscar con curiosidad y a ver qué hay ahora en nuestras vidas de diferente —por pequeño que sea, por ínfimo que nos parezca—, ya que eso, observado, cultivado y cuidado, se convertirá en aquello que irá construyendo una nueva experiencia en ese hueco que quedó. Pero ¿cómo? ¿Es verdaderamente posible construir algo allí donde no hay nada? ¿Podemos confiar en que el vacío generado a partir de lo que no estuvo no se llevará lo que construyamos y lo hará desaparecer?

Una vez más, Anabel nos ha enseñado que podemos aprender a entender de dónde viene lo que nos sucede, aprender a cuidar de nuestras propias emociones, y que podemos seguir creciendo, a pesar de todas esas experiencias que nos faltaron y que tendríamos que haber vivido.

En este libro, nos ha guiado con ejercicios dirigidos a completar esos agujeros de experiencias que no tuvimos y que aún duelen, incluso aunque a veces hagamos un gran esfuerzo por no sentir ni ese dolor ni el tamaño y la textura de esos agujeros.

Como escuché decir muchas veces a Anabel: «no se trata solo de pensar, sino de aprender a pensar bien», y esa ha sido una invitación permanente de este libro. Pensar bien nos permite entender las cosas desde una nueva perspectiva, y desde ahí movernos hacia un lugar diferente, en donde hay opciones. Tal vez no nos damos cuenta, pero cuando aprendemos a pensar bien, ganamos cierto control sobre nuestra experiencia, en especial sobre lo que hay de doloroso en ella.

Para cuando termines de leer la última palabra de este libro, te deseo que hayas podido, al menos, preparar la tierra para hacer crecer esa semilla que se quedó dormida o para plantar una nueva. Si ya lo has logrado, te deseo la paciencia y la constancia necesarias para no olvidarte de regarla, y para recordar que puede llevar un tiempo ver el primer brote asomarse por la tierra.

Y si sientes que no encuentras la tierra, que no sabes si hay una semilla, que no se te ocurre cómo regar lo que siembras, te deseo también paciencia. Vuelve a empezar, lee este libro una vez más: a veces nuestra mente necesita practicar muchas veces, incluso el ejercicio de entender que hay opciones.

SANDRA BAITA
Psicóloga clínica y terapeuta infantil

BIBLIOGRAFÍA

Gonzalez, Anabel, *No soy yo*, 2017.

 — *Lo bueno de tener un mal día*, Planeta, Barcelona, 2020.

 — *Las cicatrices no duelen*, Planeta, Barcelona, 2021.

 — *¿Por dónde se sale?*, Planeta, Barcelona, 2023.

Gufé, Cristina, *Límites de realidad*, Sial Pigmalión, Madrid, 2017.

Ranganath, Charan, *Por qué recordamos*, Planeta, Barcelona, 2024.

Consulta más lecturas recomendadas en **www.anabelgonzalez.es**